GLAC edições

MAIS UMA VEZ, SUBCOMUNS: POÉTICA E HAPTICALIDADE

Fred Moten
&
Stefano Harney

tradução
Bruno da Silva Amorim e Victor Galdino

5	Contexto *Bruno da Silva Amorim,* *GLAC edições* e *Victor Galdino*

POÉTICO

16	**Subcomuns e utopia** *Stefano Harney*
19	**Uma poética dos subcomuns** *Fred Moten*
64	**Ninguém, todo mundo** *Fred Moten*

HÁPTICO

71	**Um pequenino acompanhamento** *Fred Moten*
76	**Hapticalidade nos subcomuns** *Stefano Harney*
93	Autoria, tradução e série

Contexto
Bruno da Silva Amorim, GLAC edições e Victor Galdino O presente livro não existe em qualquer outro lugar do mundo. Alguns de seus textos foram publicados em um único volume, claro; a eles, juntamos outros dois, um inédito, escrito especificamente para esta edição. O que temos, portanto, é o encontro de diferentes exercícios "individuais" — com todas as aspas que uma palavra dessas pode receber aqui — de nossa dupla de autores, escritos feitos por meio e a partir do que eles pensaram em colaboração, sobretudo o registro dessa prática que veio a ser publicado com o nome que aqui é retomado: *subcomuns*. Assim, concebemos mais uma publicação que, de uma maneira ou de outra, é assinada a quatro mãos.

Subcomuns é, antes de qualquer coisa, uma proposição para o agora, mas também é uma percepção poética da realidade, pois, para além de um conceito, requer de quem o lê, ou seja, de quem o faz materializável, o reconhecimento e a admiração pela perspectiva do subterrâneo, do invisível, do entremundo, talvez até do anonimato — na abertura para ritmos estranhos em sua familiaridade excessiva que correm despreocupados com as nossas ideias do próprio e do impróprio, com a ordem sensível que tentamos lhes impor. Sem isso, não é possível se encontrar em sintonia com os subcomuns, sem um amadorismo. Como se a sabedoria cosmológica da terra e a sensibilidade "além mundo", dadas sempre nos deslocamentos poéticos — na perversão improvisada do dado —, fossem uma premissa para que se compreendesse a existência e a força dos subcomuns que nestas linhas se fazem.

Dito isso, podemos voltar à finalidade desta nota.

Em março de 2014, cerca de um ano após a publicação original de *The undercommons: fugitive planning & black study* pela editora Minor Compositions, de Fred Moten & Stefano Harney, na qual o termo "subcomuns" aparece e é trabalhado, Fred foi convidado a participar de um novo programa do Threewalls — espaço em Chicago (EUA) que celebra a negridade, dedicado à prática artística e ao pensamento contemporâneo de pessoas negras —, que pretendia convocar pensadores para dialogar com as obras de artistas em exposição no local. Na ocasião, Fred havia escrito um pequeno texto para a exposição do artista Harold Mendez, *Mas pareço melhor desde que você cortou minha garganta*, intitulado "Ninguém, todo mundo". No dia 13 do mesmo mês, proferiu uma fala curta acompanhada de uma conversa com o público presente, eventualmente nomeada "Uma poética dos subcomuns". Trata-se de uma série de digressões e improvisos em torno da origem coletiva do conceito em questão, uma exposição das questões com as quais os autores se ocupavam.

Dois anos depois, em abril de 2016, as editoras da Sputnik & Fizzle — casa editorial voltada à publicação de palestras e intervenções poéticas de artistas e figuras acadêmicas —, Isabel Sobral Campos e Rita Sobral Campos, publicaram *A poetics of the undercommons*, unindo a transcrição da palestra de Fred, seu texto sobre a exposição e uma apresentação de Stefano para o livreto de nome "Subcomuns e utopia".

No meio tempo entre a palestra de Fred e sua publicação, Stefano foi convidado por seu amigo editor Randy Martin a apresentar um texto para a coletânea *The Routledge companion to art and politics*, publicada em 2015 pelo selo Routledge, da Taylor & Francis Group. Stefano, então, apresentou o curto ensaio "Hapticalidade nos subcomuns", em que discorre, a partir de Fanon, acerca do ritmo do trabalho imposto aos povos colonizados e, por meio de algumas obras artísticas, sobre as batidas dissidentes que caracterizam os movimentos subcomuns. Essa tensão entre a logística ocidental-capitalista e a logisticalidade subcomum é retomada e analisada mais uma vez com a publicação original do segundo livro da dupla em 2021, traduzido e publicado pela GLAC edições em novembro de 2023, o seminal *Tudo incompleto*.

Por fim, com o acompanhamento e estudo contínuos do trabalho de Fred & Stefano, empregados por esta editora brasileira e pelos tradutores do livro, desenhou-se uma edição que pudesse agregar a passagem existente entre *Sobcomuns: planejamento fugitivo e estudo negro* (Ubu editora, 2024) e *Tudo incompleto*, que tanto remonta às origens da ideia-proposta como deflagra a relação imbricada entre arte e pensamento com os subcomuns. Para que isso se tornasse possível e definitivamente simétrico, convidamos Fred a apresentar o texto de Stefano, no que resultou "Um pequenino acompanhamento". Consequentemente, acreditamos que, mais uma vez, colocamos para conversar ambos os amigos e autores deste livro e, na mesma medida, apresentamos ao público leitor brasileiro, um intento inédito e autêntico da subcomunalidade.

*

Agora, sobre alguns termos e textos.

Começamos por "subcomuns" ["*undercommons*"]. Pode-se dizer que a chave para a compreensão desse termo está em uma entrevista feita pelo cineasta Manthia Diawara com o filósofo Édouard Glissant, ambos a bordo de uma embarcação que cruza o Atlântico em direção a Nova Iorque, que se encontra no documentário *Édouard Glissant: one world in relation*. Retomando a experiência abissal do tráfico de pessoas escravizadas e da Passagem do Meio, Glissant lembra que, como tudo que envolve a diáspora negra, o momento de chegada nas Américas, apesar de tudo, não foi o momento de se tornar *um* — escravo, por exemplo. Não, na violência do abismo, no trabalho colonial de dissolução de uma multiplicidade anterior, não surge uma coisa só pelos esforços de massificação e coisificação; algo impossível, de todo modo. A vida diaspórica é a iniciação no ser um e múltiplo, na experiência peculiar de ser *eu* e outro, na confusão de vozes que, quando abraçada, para Glissant, faz-se exercício do direito fundamental à opacidade.

A poética de Glissant esteve sempre comprometida com essa audição da beleza no terror e do terror na beleza; inevitável seria que, meditando sobre a própria condição diaspórica, tudo se reduzisse a uma experiência de individuação brutal que sufoca e anula nossas possibilidades, a multidão que nos habita. Pois bem: subcomum é o que se dá nesse desarranjo, nessa dedicação sem tréguas ao não ser *um*. Um lugar? Um tempo? É uma utopia? Sim, utopia, desde que — diz Stefano — a utopia seja pensada como "coisa-nenhuma". Uma maneira de não responder. Os autores estão sempre fugindo de uma definição: não por negligência, mas por cuidado. Se você quer capturar alguém ou alguma coisa por meio de uma representação nítida, um conceito inflexível ou mesmo por meio da institucionalização, Stefano responde: "coisa-nenhuma".

As expressões "subcomum" e "subcomuns", de todo modo, apontam para uma série de coisas que não são uma coisa só; muitas vezes, aparentam tratar-se de um lugar, de um lugar a ser alcançado, onde nos encontraremos, enfim, em uma prática revolucionária, em que todos os males serão desfeitos — se isso é o que parece, devemos bagunçar os sentidos. O que queremos dos autores que admiramos? O que queremos dos textos que nos tocam? *Uma* solução? *Uma* redenção? Se podemos cogitar uma relação entre negridade e subcomunalidade, é preciso pensar o que foi a impossibilidade permanente da vida negra nas Américas — pode o começo abissalmente impróprio de uma existência impossível nos dar *um* de qualquer coisa? Já está tudo uma baderna desde o início. Coisa-nenhuma, em que ninguém pode satisfazer nosso desejo de uma certeza inabalável, de uma completude a ser nossa. É preciso seguir a batida e esquecer de si; esquecer das fantasias que nos alimentaram sobre ser uma coisa ou outra, ser--alguém, ter sucesso, aderir à civilização, progredir, marchar sobre a linha, produzir ao longo da linha, tornar-se um meio de expansão e aprimoramento da linha, eficiente, caixeiro-viajante, sonho do capital, cidadão pleno e apropriadamente humano.

Ao mesmo tempo, a brutalidade da escravidão fez de nós: *nada*. Fez? Disso, Frank Wilderson e o afro-pessimismo têm certeza. Fred, em sua fala no Threewalls, como em outras ocasiões, decide improvisar por meio de Frank, meditando sobre esse ser-nada que somos. O que diabos é ser, *neste mundo*, algo nulo, não-ser e não-algo? O que é estar nessa condição, nessa vacuidade, nessa coisa-nenhuma? É a mesma coisa que o senhor de engenho sonhou para nós? Pode mesmo ele ter controle sobre um sonho, imagem onírica, delírio feito carne? E nós, podemos ter controle sobre o que somos? Se a resposta for negativa para ambas as perguntas, isso não se dá pelo mesmo motivo; no segundo caso, que nos importa, o controle é uma mentira, mentira ainda mais terrível do que é em outras condições: não porque somos o que a violência fez de nós, mas porque queremos, agora e em frente, ser nada. Como Fanon: não ser negro, não ser *um*, não ter seu destino inferido por meio da superfície corpórea, não ser inteiramente dado no olhar do outro. Nada de específico, nada demais. Apenas abertura poética. Daí a sintonia sempre possível, sempre mais provável para quem sofreu com todos esses processos de coisificação e nadificação, que podemos encontrar com um traço, um acorde, uma dança, uma promessa de outro mundo: uma crítica geral de mundo. Viver despossuído, despossuindo, entregando-se à despossessão que não é a despossessão por ELES temida e imposta, mas a que nos permite o toque, a mistura, a confusão, socialidade a ser explorada e não extrativizada. Não apenas estar *um* com *um*, mas junto de quem tem nada a perder porque tem tudo a ganhar — ou melhor: porque carrega tudo o que precisa consigo na despossessão de si, incompletude sem falta a ser corrigida, sem problema a ser resolvido —, consentir ao não-ser *um*. Debaixo dos comuns que reúnem os produtos de variadas formas de individuação com suas identidades rigorosas, que reúnem os que aceitam esse ser-produto de si, *self made* rapazes, temos tudo o que precisamos para sermos ninguém contra a nadificação que nos é dada como destino, a nadificação que supostamente será desfeita ao entrarmos na cidadania, aquela da honestidade trabalhadora.

Muitas vezes, queremos não sofrer o toque ao tocar, não cair em uma metamorfose desencadeada pelo encontro — sobreviver como *um* à dispersão geral do devir. Não, vamos tentar ver, escutar, sentir o toque, a carícia. Vamos nos misturar a tudo que nos foi dado como *impuro*, inclusive nós mesmas e mesmos.

Hapticalidade, ou: sentir o sentimento. Sentir por meio de outras pessoas, abrir mão dos próprios sentimentos como sentimentos próprios, como propriedade. Abandonar a fantasia da casa própria e das fronteiras próprias e da identidade própria; habitar, ao invés disso, nossa própria porosidade, nossa abertura irredutível e inalienável. Abraçar a dispersão para além de todos os processos de demarcação, colonização, algo que começa, invariavelmente, no encontro. De que adiantam as palavras radicais, os *slogans* precisos quando a certeza de um futuro que é dado de antemão desmorona com um simples toque? O que preocupa Fred & Stefano é o modo como, antes mesmo de nos relacionarmos, já decidimos como *deve* ser a relação — como se o relacionar-se não fosse o exercício de nossa capacidade de habitar uma sentimentalidade sem dono, como se o governo dos modos como as pessoas lidam umas com as outras fosse mais plausível do que é. Não, o fato é que esbarramos nas outras pessoas, elas esbarram em nós, contato friccional, tudo isso pode sempre nos desorientar. Muitas vezes odiamos a desorientação; algumas vezes até ridicularizamos a dispersão e, nisso, perdemos a sintonia com nossa mobilidade errante, imprevisível e ingovernável — logisticalidade, antítese e razão de ser da logística enquanto trabalho de alocação. Como se não ter a certeza firme (delirante) de si e de seu lugar fosse uma fraqueza. Como se fôssemos *alguém* e nada mais.

Se a negridade foi lançada na nadidade…

Não: se nos lançaram, em primeiro lugar, à negridade, dada em uma história de predicações do ser-negro que supostamente teria nos enclausurado e definido, o fato é que, nesse movimento — inicialmente violento, diaspórico —, encontramos outra coisa. Encontramos, na verdade, aquilo que se tentou regular ou mesmo anular, quando não as duas coisas ao mesmo tempo: a poética social do *nada*. Wilderson: você mesmo é um poeta, preste mais atenção — não em si, em seu ser estranho *um* enquanto nada, mas no fato de que, como você, o nada nunca se comporta como tal. Porque não deve nada a alguém (deve apenas a ninguém). Por outro lado, você estava certo: a meditação sobre a nadidade e sobre a abolição da raça e, portanto, o fim *deste* mundo são indissociáveis. Nossa socialidade subcomum, aterrada, aquilombada, é precisamente o que fazemos por meio de uma nadidade que ela mesma não pode ser o que deveria ter sido. Há, neste mundo, uma interdição ontológica. Sim, partimos disso em direção a outra coisa. Nada, porém, possui uma essência: é disso que se tratava a noção budista de vacuidade. Nem mesmo o nada possui uma, podemos dizer. Não está tudo se esgotando ao nosso redor, tudo se desfazendo na promessa de completude que o colonialismo, abraçado ao capitalismo, ofereceu aos povos da terra? O que ainda queremos ser diante disso tudo? Ainda queremos ser o *homem* do Antropoceno? Não, isso não é possível para quem nada é. Se sonhamos imagens apocalípticas, agora em outra direção, em nossa fantasia abolicionista, já estamos em excesso. Um nada exuberante, tagarela, irrequieto, na vida social das coisas, das mercadorias, dos nadas e ninguéns. Teríamos, ainda, razão para acreditar em uma precariedade ontológica?

Dito isso, por baixo de toda essa parafernália — administrativa, jurídica, logística, policial, existencial, normativa —, encontramos-nos desde sempre no desajuste, fazendo sons esquisitos porque nossa música nunca será a mesma que a deles e nem mesmo a mesma que a nossa. Como uma flor no concreto, na nadidade nasce amor e amizade, conspiração, tatilidade subterrânea e subcutânea, compromisso nas diferenças sem separabilidade, improviso no interior de uma banda sempre aberta a tudo o que é aberto e permanece na abertura dada na recusa.

Segue um trabalho árduo e amoroso de continuar descobrindo como é esse som, que frequência devemos recuperar. Nada é uma zona experimental. Ninguém está nos subcomuns. Não espere encontrar alguém por lá.

POÉTICO

Subcomuns e utopia
Stefano Harney

Porque Fred Moten e eu formulamos uma relação entre negridade e os subcomuns — e que relação seria essa? Aquela que exploramos na poética subcomum do texto —, surgiu uma questão sobre a relacionalidade entre negridade e utopia, muitas vezes decorrente da acusação que nos é feita de otimismo, de pensarmos *subcomuns* como utopia. O termo "utopia", nesse caso, simboliza um tempo e um lugar impossíveis onde vivemos em paz e harmonia.

É certo que, à primeira vista, negridade e utopia são incomensuráveis. Negridade ou é algo que se tenta superar (mantendo alguma contribuição própria, talvez, chamada de "cultura negra") em busca da utopia cidadã, ou é acusada de ser uma distopia valorizada, uma utopia toda fodida; sejamos sinceros, às vezes nós é que somos o alvo dessa acusação. Mas, além dessa palhaçada ideológica, acho que há um problema mais fundamental quando esses dois termos são reunidos lado a lado.

Penso na maneira como a estética e a vida social em Barbados são historicizadas no presente. Lá, pode-se dizer que a criação histórica da negridade, de alguma forma, está sempre acontecendo no presente e, de alguma forma, é sempre uma história de outro lugar, embora só possa se desenrolar em lugares como Barbados ou Oakland. Há sempre conversas rolando sobre como você parece ter vindo de Angola, ou como você carrega o espírito de uma sacerdotisa de Mali, ou como uma batida soa congolesa. Essas conversas são meio que uma bela fabulação do devir-negro contra o horrível pano de fundo do mais brutal usufruto. Elas são trans-míticas e existem no tempo da nação. O que move, porém, essas conversas sobre o devir-negro em direção à negridade do devir — para virar de ponta cabeça Deleuze como ele possivelmente gostaria — é a chamada realidade da história da escravidão nas ilhas do açúcar, impossível demais de suportar mesmo quando a suportamos. Nessas ilhas açucareiras, os escravizados não eram substituídos por reprodução — como na indústria diabólica que apoiava o comércio de algodão americano —, mas por ainda mais africanos capturados, roubados e transportados de lugares cada vez mais distantes de África. Dito de outro modo, não havia intenção alguma por parte dos escravizadores, dos usufrutuários, de permitir que qualquer um desses povos sobrevivesse a essa bela fabulação do devir-negro, devir-africano. Não se trata apenas do fato de que sabe-se lá quem sobreviveu em Barbados durante esse holocausto, mas de que um holocausto é precisamente a destruição de toda sobrevivência. Ou seja, a negridade deveria ser, pretendia ser, historicamente impossível. Isto é, a negridade é utopia viva. Porque quando você conversa com bajans,[1] com as pessoas comuns ali, elas sabem dizer quem sobreviveu; não apenas vivem essa impossibilidade como também a narram.

Isso é algo problemático, claro. Pois a utopia é supostamente o lugar onde todo mundo gostaria de viver. A negridade, no entanto, os subcomuns, são o lugar — ou melhor, não o lugar, mas o trabalho de criar uma vida social e estética em conjunto — denegado por todos, exceto, claro, por quem é ninguém, *coisa-nenhuma*, quem abraça os subcomuns e por eles são abraçados. Em outras palavras, e se dissermos que, ao invés da utopia ser impossível — o que é o mesmo que dizer que nada é utópico porque as utopias não existem —, a utopia é, na prática, absolutamente coisa-nenhuma?

---

1 N. da T.: O nome "*bajans*" é outra maneira de falar das pessoas barbadianas, aquelas que se identificam com o país de Barbados, seja por cidadania ou descendência na diáspora barbadiana. A ligação pode ser residencial, jurídica, histórica ou cultural, todas ou algumas delas sendo fonte de sua identidade.

Uma poética dos subcomuns
Fred Moten

APRESENTADOR: É uma grande honra termos Fred Moten esta noite conosco. Estamos fazendo um programa novo, em que pedimos a intelectuais que falem sobre questões de alguma forma relacionadas com as exposições em exibição aqui.[2] Não para que falem

---

2 A exposição "Mas pareço melhor desde que você cortou minha garganta" de Harold Mendez é uma meditação sobre personagens liminares que buscam transcender limites, fronteiras e armadilhas do lugar, revelando a interseção entre memória, fato e ficção. Baseada na publicação *Texts for nothing* (2010), a mostra adota uma abordagem multidisciplinar, incluindo escultura, instalação, fotografia, projetos colaborativos, desenho e texto. Mendez explora a estranheza da ficção, da poética e da política por meio de meditações pessoais e fragmentos de memória. *Texts for nothing* refere-se às treze pequenas peças em prosa de Samuel Beckett, publicadas no inglês sob o título de *Stories and texts for nothing*, que representam a transição do modernismo para o pós-modernismo por meio de narrativas incompletas. A versão de Mendez é uma tragicomédia com dois personagens, Braille Teeth (de uma pintura de Jean-Michel Basquiat) e Ninguém (do filme *Dead man*, de Jim Jarmusch), que compartilham uma jornada através de uma paisagem abstrata e universal, mas nitidamente

diretamente sobre o trabalho desses e dessas artistas, mas para que expliquem e especulem sobre as intenções dessas pessoas. Fred teve a gentileza de contribuir com um ensaio sobre o trabalho de Harold para nossa publicação, que pode ser retirado gratuitamente ali na entrada. Essa é outra coisa que fazemos em nossas exposições individuais: solicitamos que alguém escreva sobre o trabalho do artista. A apresentação de Harold vai rolar até o dia 12 de abril.

Vou apresentar o Fred lendo um de seus poemas porque é dele que vem o título da exposição [*mas canto melhor desde que você cortou minha garganta*]. Vou ler em voz alta e depois passar a palavra a ele. O poema se chama "Vamo com tudo, foda-se o nocaute".

> sob a triste Chicago de Bill Brown há
> desordem resposta a essas reprimendas sem fim.
>
> coisa objeto. não é o mesmo problema
> que o outro. as coisas não representam
> devem ter quebrado. incapazes de prestar atenção
> aos objetos como se fossem objetos então alopram
> a porra do tempo todo, cacos de vidro
> em toda parte. mas canto melhor desde que você
> cortou minha garganta. no tabuleiro de damas se
> joga xadrez. tabuleiro também de cortar e
> superfície de ressonância. mortalha também e
> cabine acústica.
>
> agora você entediado com tantas escolhas saudáveis
> e sem querer soar tão higiênico assim.
> por acidente acalmaram essas merdas também em mim.
> como vim parar aqui? perdi minha mãezinha
>
> particularizada, utilizando textos apropriados de diversos autores e fontes. Disponível em: https://three-walls.org/, 2016.

ideológica suas coisas. sua coisa no depósito
norte de las vegas não tem problema, coisa nenhuma,

porque o sol nascendo vou lá pegar meu
    som de volta
e todo o meu clima indígena será meu.[3]

FRED MOTEN: Muito obrigado. Obrigado, Abby. É um prazer estar aqui. Fiquei muito feliz quando Harold Mendez entrou em contato me pedindo para escrever algo em resposta ao trabalho dele. Nos últimos anos, tenho respondido de várias maneiras a esse trabalho e a algumas das outras pessoas com quem ele trabalha e/ou esteve associado.[4] Sobretudo os *Texts for nothing*,[5] que foram meio que um evento geral em minha própria história intelectual, algo que me fez confrontar ou tentar me resolver com coisas que normalmente eu não teria curtido lidar. Já faz algum tempo que tenho respondido à beleza desse trabalho e também à força intelectual e ao rigor da sua escrita.

Hoje quero contar um breve histórico dos problemas que venho tentando resolver nos últimos dois, três anos. Todos eles se enquadram nesse projeto colaborativo de longo prazo que venho realizando com meu amigo Stefano Harney,[6] que conheço desde a época da faculdade. Um dos desvios que farei tem a ver com

---

3 Fred Moten, *Hughson's tavern* (Florida: Leon Works, 2008).
4 Estou pensando, especialmente, em Taisha Paggett, Steffani Jemison e Jamal Cyrus.
5 Harold Mendez, *Text for nothing* (Texas: Future Plan and Program, 2011).
6 Stefano Harney e Fred Moten, *The undercommons: fugitive planning e black study* (Nova Iorque: Minor Compositions, 2013); ed. bras.: *Sobcomuns: planejamento fugitivo e estudo negro* (São Paulo: Ubu editora, 2024).

a experiência que tive nestes últimos meses lecionando na Universidade da Califórnia, em Riverside. Como parte de um esboço dessa trajetória, quero desenhar os começos com um pequeno comentário exegético sobre o poema que Abby acabou de ler e quero, em especial, pensar sobre as coisas — o porquê de eu estar ocupado com as coisas — e ver se consigo descobrir uma maneira de passar da ocupação com as coisas para a preocupação com o nada, ou com a nadidade; além disso, ver o que nadidade e coisidade têm a ver com o que Stefano e eu temos chamado de "subcomuns". A partir disso, quero pensar como essa nadidade, ou seja, essa não-coisidade ela mesma se manifesta como uma espécie de prática, prática que Denise Ferreira da Silva descreveria como "diferença sem separabilidade",[7] diferença necessariamente social e estética, sobre a qual podemos começar a pensar como se fosse uma espécie de poética. Posso pegar o poema emprestado?

[*Moten pede o poema que Abby leu*]

É doido o modo como certas cidades, mesmo que você não more nelas, fazem parte da sua trajetória intelectual. Por um punhado de motivos diferentes, alguns bons e outros ruins, Chicago é pra mim uma dessas cidades. Tenho família lá, pessoas que empreenderam aquela fuga tardia para o norte vindo do Arkansas nas décadas de 1930 e 1940. Junto com essa gente, na

---

[7] N. da T.: Para uma melhor explicação, ver: "Sobre a diferença sem separabilidade", no catálogo da mostra 32ª Bienal de São Paulo, *Incerteza viva*, ed. Jochen Volz e Júlia Rebouças (São Paulo: Fundação Bienal de São Paulo, 2016). Disponível em: https://docplayer.com.br/62292437-Sobre-diferenca-sem-separabilidade-denise-ferreira-da-silva.html.

mesma onda ou movimento, veio essa música incrível que se ramificou em direções notáveis: blues elétrico, AACM,[8] toda a gama de expressões musicais de Chicago após a Segunda Guerra que tenho certeza que vocês conhecem bem melhor do que eu — eis a parte boa. A ruim diz respeito ao quanto você sente que tem uma relação com certo tipo de espaço intelectual que só opera por meio de sua exclusão e, ainda assim, a relação existe. Quem mora em Chicago, em especial na parte Sul, sabe do que estou falando. Não é preciso, porém, morar ali para compreender as modalidades específicas da exclusão incorporativa daquele espaço. Penso na presença colonial da Universidade de Chicago e sua regulação — tanto intelectual como jurídica — de todo um outro modo de migração. Trata-se de uma questão sociológica, obviamente, e, por isso, mais especificamente, penso em Robert Park, crucial na emergência e no desenvolvimento da sociologia americana. Um de seus interesses primários era a vida social negra, que ele passou a entender como uma espécie de vitalidade patológica. A vizinhança da Universidade de Chicago era seu laboratório. As pessoas negras que ali viviam foram concebidas como objetos de estudo e, nesse sentido, incorporadas pela universidade como algo que poderíamos chamar de objetos (anti)sociológicos encontrados.[9] Sua incorporação pela universidade, no entanto, não militou e ainda não milita contra

---

8 N. da T.: Para um contexto mais amplo no que diz respeito ao "blues elétrico", ver: https://thevinylfactory.com/features/aacm-influence-introduction-10-records/.
9 N. da T.: Um *objet trouvé* (objeto encontrado) é um objeto comum que, retirado de seu contexto usual e apresentado como arte, adquire novos significados.

a exclusão dela ou daquilo que a universidade deveria ser e ter. Esta é a forma que a integração assume, onde integração deve ser entendida como o truque da segregação, o seu ardil, quando a própria segregação é entendida, com precisão, como a modalidade em que a alternativa é submetida à regulação e reprodução genocidas. Stefano e eu temos tentado pensar (não tanto sobre, mas sim na) vida social, ou seja, vida social negra, a vida social da alternativa, de outra maneira.

Bill Brown é um professor de inglês da Universidade de Chicago[10] bastante conhecido por seu envolvimento e engajamento com um negócio que ele chama de "teoria das coisas".[11] É um trabalho que muitas pessoas têm feito.[12] A essas pessoas, recentemente, se juntaram praticantes da "ontologia orientada a objetos",[13] que pensam o modo como objetos (às vezes confundidos e às vezes mais rigorosamente diferenciados das coisas) carregam um tipo de conteúdo, talvez mesmo

---

10 Bill Brown, "Thing theory", Critical Inquiry 2, n. 1 (2001), p. 1-22; Bill Brown, *Other things* (Chicago: The University of Chicago Press, 2016).
11 N. da T.: A teoria das coisas pode ser compreendida como um ramo da teoria crítica que se concentra nas interações homem-objeto na literatura e na cultura, tomando emprestada a distinção de Heidegger entre objetos e coisas, de que um objeto se torna uma coisa quando não pode mais servir à sua função comum.
12 Bill Brown (ed.), *Things* (Chicago: The University of Chicago Press, 2004); David Miller, *Materiality: politics, history, and culture* (Durhan: Duke University Press Books, 2005); Bruno Latour, "The berlin key or how to do words with things", em P. M. Graves-Brown (ed.), *Matter, materiality, and modern culture*, trad. Lydia Davis (Londres: Routledge, 2000), p. 10-21; Miguel Tamen, *Friends of interpretable objects* (Cambridge: Harvard University Press, 2004).
13 Quentin Meillassoux, *After finitude: an essay on the necessity of contingency* (Nova Iorque: Bloomsbury Publishing, 2010); Timothy Morton, *The ecological thought* (Cambridge: Harvard University Press, 2012); Grahan Harman, Tool-Being: *Heidegger and the metaphysics of objects* (Peru: Open Court Publishing Company, 2002).

um tipo de animação, que a filosofia fundamentada no pressuposto do Homem, do sujeito, normalmente se recusa a reconhecer. A ontologia orientada a objetos emerge, em parte, na filosofia heideggeriana,[14] de seu investimento na natureza das coisas, que também é uma investigação. Heidegger estava interessado, por exemplo, no jarro como um tipo particular e especial de coisa, caracterizado pela capacidade de conter. Ele estava ocupado com o que as coisas (feitas pelo homem) podem conter e com o que esse conteúdo pode nos dizer sobre a vida humana, no sentido de que a vida humana é o meio por meio do qual se alcança um entendimento do ser do ser, ou o próprio ser ao qual esse entendimento é dado. A coisidade e o ser estão, portanto, profundamente conectados na obra de Heidegger — e as novas contribuições para a "teoria das coisas" se movem com, por meio e a partir disso.

Há um outro elemento marxiano nisso tudo. Marx tem uma relação diferente com a coisa, que ele considera primariamente sob a rubrica da mercadoria. Sua intenção era desmistificar noções acerca de um suposto conteúdo da mercadoria, uma suposta interioridade, por assim dizer, entendida como valor em si e por si mesmo e não como algo projetado.[15] Tentei falar disso em meu livro *Na quebra* [*In the break*].[16] Ali, tento

---

14 Martin Heidegger, *Being and time*, trad. John Macquarrie and Edward Robinson (Nova Iorque: Harper & Row, 1962), p. 91-148; Martin Heidegger, *Poetry, language, thought* (Nova Iorque: Harper Collins, 2001). p. 160-80; ed. bras.: M. *Ser e tempo* (Petrópolis: Vozes, 2002), Partes I e II, tradução de Marcia Sá Cavalcante Schuback]
15 Karl Marx, *Capital, a critique of political economy*, trad. Ben Fowkes, vol. I (Londres: Penguin Books, 1990), p. 197-77; ed. bras.: *O Capital: crítica da economia política* (São Paulo: Boitempo, 2023).
16 Fred Moten, *In the break: the esthetics of the black radical*

pensar no investimento de Marx em nos ajudar a não acreditar que as coisas ou os objetos têm um valor que não é o projetado pelas pessoas. O problema com essa formulação, no entanto, e com as variadas contribuições heideggerianas para a teoria das coisas, é que ela tende a ignorar a experiência, assim como o pensamento ou a teorização que é mantida ou contida, dada e dispersada por pessoas que foram igualmente concebidas como coisas e mercadorias.

A noção marxiana vai no sentido da desmistificação do valor interno da coisa, mas não pode dar conta do "fato" de que — e essa é uma formulação complicada e potencialmente enganadora que vou querer esclarecer e, depois, dispensar — havia pessoas reduzidas a coisas, como diz Harriet Beecher Stowe num comentário sobre a escravidão americana que, ao mesmo tempo que elucida, obscurece. A tendência marxiana de desmistificar a interioridade da coisa se torna problemática se pensarmos nas pessoas como coisas. Talvez você queira desmistificar a interioridade deste livro, deste caderno, porém é mais difícil se sentir justificado em desmistificar a interioridade de uma pessoa. Por outro lado, a tendência de mistificar a coisa — de imaginar que a coisa tem uma capacidade para ou uma capacidade de algo — é problemática devido à forma como Heidegger visualiza o pensamento sobre a coisa: como estruturada, antes de tudo, em torno de sua vacuidade fundamental. Dito de outro modo, a coisa importa porque pode carregar um

tradition (Minneapolis: University of Minnesota Press, 2003). p. 8-14; ed. bras.: *Na quebra: a estética da tradição radical preta* (São Paulo: n-1 edições & crocodilo edições, 2023).

conteúdo, mas a razão pela qual ela pode fazer isso é o fato de que ela é vazia, preenchível, manipulável, sujeita a uma força motriz exterior.

Estou tentando pensar sobre as coisas de outra maneira. E é difícil porque o discurso sobre a escravidão, aquele que reconhece a identidade jurídica e econômica de pessoas e coisas na história afro-americana, é estruturado por um moralismo simultaneamente virtuoso e autocongratulatório que deseja — e precisa se irritar com — esse momento em que as pessoas são entendidas como sendo ou tendo sido reduzidas (e o moralismo está incorporado na palavra "reduzidas") a coisas. Há uma tendência a repudiar, rejeitar e se opor à identificação entre coisidade e pessoalidade. Reconhece-se a brutalidade histórica que acompanha e preenche o que é tomado como a redução da pessoa à coisa e se responde dizendo: "Apesar disso, nós não somos coisas". É aqui que reside o problema: de maneira dolorosa e contraintuitiva, alguma (outra) coisa se perde nessa resposta absolutamente justificável e quase inevitável. Porque a tentativa de distanciar pessoalidade de coisidade é a condição filosófica de possibilidade dessa brutalidade que, de maneira imprecisa, caracterizamos como a redução da pessoalidade às coisas.

A emergência de um tipo específico de humanismo, de uma noção particular do homem em oposição às coisas que pressupõe, além disso, o domínio do homem sobre as coisas da terra — a tendência mesma de querer diferenciar o homem e a coisa, parte constitutiva de uma conquista, de um desejo de alcançar a dignidade humana por parte, diria eu, de todas as pessoas que se encontram naquilo que Cedric Robinson chama de "tradição radical negra"[17] —, acaba produzindo o próprio distanciamento entre homem e coisa que ajuda a justificar a escravidão racial em primeiro lugar. É um tipo horrível de vínculo duplo: "Não, eu não sou uma coisa". É uma experiência terrível descobrir que você é um objeto dentre outros, uma coisa dentre outras, em relação àquele que consegue estabelecer precisamente essa distinção entre humanidade e coisidade; a manobra que exige a reivindicação da humanidade, no entanto, também é terrível precisamente porque pode muito bem reencenar e enraizar o desastre.

Assim, parte do que estou tentando fazer nesse poema [*Rock the party, fuck the smackdown*], bem como no trabalho crítico que tenho feito, é ficar com esta relação entre humanidade e coisidade e tentar — provisoriamente — reivindicá-la ao invés de negá-la. A nível teórico, isso tem significado a necessidade de forçar a teoria das coisas em direção a um encontro mais direto com a história violenta que ainda nos incorpora, da interação entre o Homem e as coisas. É um trabalho complicado porque você tem que reivindicar a coisidade ao mesmo tempo que segue no processo de luta contra a imposição da coisidade. Enquanto tentava fazer isso, cheguei ao ponto de me sentir confortável, talvez até demais, com a relação entre negridade e coisidade. Pensei que poderia fazer algumas afirmações que as pessoas não rejeitariam sem pensar duas vezes, como uma espécie de rendição retrógrada.

---

17   N. da T.: Cedric Robison, *Marxismo negro: a criação da tradição radical negra* (São Paulo: Perspectiva, 2023).

Com o passar do tempo, um outro evento ocorreu: Eu sabia que precisava ler um livro. Você já encontrou um livro que sabia que precisava ler, mas não queria? A gente pensa que não quer ler porque sabemos que vai ser doloroso, só que o verdadeiro motivo é saber que aquilo ali vai foder com a gente. O livro em que estou pensando chama-se *Incognegro* de Frank B. Wilderson III. Wilderson leciona na Universidade da Califórnia em Irvine. Ele escreveu dois livros, recomendo ambos, da mesma forma que as pessoas costumavam recomendar... Perdão, estou divagando. Tinha um rapaz... O problema é que não consigo estar à frente de um grupo de pessoas e ler um texto, porque me parece tão errado, mau, cruel. Se me limito a improvisar, o meu cérebro fica todo... começo a pensar nesse negócio e acabo xingando, principalmente pela influência do vinho. Costumava ir ao Arkansas no verão e acabei vivendo com minha avó lá durante dois anos. Nos fins de semana, e entre os dois últimos anos do ensino médio, trabalhei com meu primo, o reverendo L. T. Marks. Ele trabalhou e ajudou a cuidar desse cara, que era meio ali da vizinhança... você conhece a iconografia russa do santo tolo?[18] Ele se chamava Dennis Robinson. O pai dele foi um bêbedo lendário na pequena cidade do Arkansas (chamada Kingsland) onde eu vivia e onde minha

---

18 N. da T.: A iconografia russa do "santo tolo" ou ainda "yurodivy" representa visualmente os "tolos por cristo" na tradição cristã ortodoxa russa. Eram reconhecidos por seu comportamento insano, motivado por uma forte espiritualidade e desejo de viver em extrema humildade. Na iconografia são comuns características que incluem trajes esfarrapados, sem calçados cobrindo os pés e posturas não convencionais.

mãe e minha avó foram criadas. Seu nome era Pequeno Buddy Robinson. Nunca conheci o pequeno Robinson. Acho que morreu nos anos 50, mas as histórias que me contaram sobre ele fizeram com que parecesse tão real que, agora mesmo, posso vê-lo em minha mente. Dennis era filho do Pequeno Buddy. Um trem atropelou o Pequeno Buddy e sua esposa. O papo foi o seguinte: beberam demais e o trem os matou. Ninguém falou em suicídio, ou mesmo acidente. E Dennis bebia muito. Só não bebia quando estava trabalhando porque meu primo L. T., que a gente chama de irmão, é um pastor e um homem genuinamente santo. Ele cuidava do Dennis e não deixava ele beber durante a semana, só nos sábados e domingos. Assim, durante a semana, Dennis tomou um medicamento que nem é vendido mais aqui. É provável que também não seja mais vendido lá. O remédio chamava-se "Watkins Liniment".[19] Você tinha que esfregá-lo na pele, mas Dennis bebeu. O negócio é que o livro de Wilderson é como o Watkins Liniment. A minha mãe às vezes mandava esse remédio do Arkansas para Las Vegas, onde cresci, e às vezes, quando eu ficava doente, ela me dava Watkins Liniment, mas era ruim demais; tão terrível que era preciso pôr duas gotas numa colher cheia de açúcar para tomar. Aquilo ali botava fogo nas suas entranhas. É esse o nível de corrosividade que associo ao trabalho do Frank. É difícil de engolir, porém é brilhante, absolutamente necessário. Faz você se sentir melhor.

---

19 N. da T.: Uma preparação farmacêutica tópica para aplicação na pele. São tipicamente vendidos para aliviar dor e rigidez, no caso de dor muscular ou artrite, por exemplo.

O que estiver ferrado em você será curado por esse trabalho, só que você vai detestar o gosto. Bem, essa foi a experiência que tive, ao menos.

Há um momento ali no meio de *Incognegro*, em que... Frank cresceu no Minnesota, numa família negra de classe média. Seus pais eram professores na Universidade de Minnesota e ele se radicalizou desde cedo de uma forma que parece ser tanto um efeito como uma recusa da sua formação. É uma história interessante, típica em muitos aspectos, de uma formação intelectual negra e burguesa que não pode se desvincular de um radicalismo que a maioria das burguesias tenta rejeitar de maneira integral. A condição da burguesia negra, no entanto, é ela mesma uma forma de radicalismo, de um jeito que Marx não compreenderia, apesar de ter nos dado meio que uma ferramenta para compreendê-la, como quando ele insiste no caráter revolucionário da burguesia europeia. Nesse caso, ou conjunto de casos, as aspirações burguesas quase exigem a rejeição desse radicalismo em vista de sua realização. É um radicalismo que é ou deve ser regulado, estritamente controlado, de maneiras que repliquem aquela duplicidade da sujeição que constitui o emergir encenado e as emergências do sujeito moderno. Parece, no entanto, que a história de Wilderson é a história de uma recusa dessa regulação que é, ao mesmo tempo, não uma superação da ambivalência do radicalismo, e sim uma habitação profundamente consciente dela. Há algo de heroico ou algo que teria sido heroico nisso. Como Aquiles. Wilderson, pode-se dizer, foi educado, mais intensamente talvez, por ele mesmo, para fabricar palavras e realizar feitos, mas num mundo que se baseia na interdição absoluta de tais discursos e ações. Ainda muito jovem, foi atraído pelos Panteras Negras e se associou a eles, e acabou indo à África do Sul trabalhar com o braço armado do Congresso Nacional Africano. Por fim, Wilderson retorna à Califórnia e se torna estudante e professor.

Eu diria que Wilderson é fanoniano num sentido estrito. Por pouco não digo que é um fundamentalista. Há certos momentos de extremismo em Fanon que Wilderson leva extremamente a sério. O que significa dizer, por exemplo, para Fanon que "o negro não existe"?[20] Essa formulação ultrapassa a noção mais comum de racismo como estrutura geral no interior da qual o homem é reduzido à coisa. Pode-se afirmar que o negro não é uma pessoa, que é uma coisa, e é algo bem pesado de se falar. Wilderson insistirá, no entanto, que "o negro não existe". Ponto. Essa convulsão exige que uma pergunta seja feita sobre esse "não", uma pergunta que mal sobrevive à sua formulação, uma vez que o "existe" e o "não" se atacam mutuamente com aquilo que um outro pensador brilhante, indispensável e (a)rigoroso da Irvine, Nahum Dimitri Chandler, chamaria de fúria "paraontológica",[21] uma espécie de força "fraca"[22] irresistível que dilacera as coisas filosóficas e

---

20 N. da T.: Frantz Fanon, *Peles negras, máscaras brancas* (São Paulo: Ubu editora, 2020) p. 242.
21 Para uma melhor compreensão dessa discussão, ver: Nahum Dimitri Chandler, *X — The problem of the negro as a problem for thought* (EUA: American Literatures Initiative, 2013).
22 N. da T.: A força fraca é uma das quatro forças fundamentais da física nuclear, juntamente com a gravidade, o eletromagnetismo e a força forte. É responsável por processos de decaimento

o próprio pensamento filosófico. De qualquer forma, Wilderson desenvolveu um entendimento extremamente rigoroso a respeito da subjetividade normativa. Essa subjetividade é precisamente a que se move por meio da exclusão negra enquanto possibilidade. No início de *Crítica da razão pura*, Immanuel Kant defende a necessidade da estética transcendental, basicamente um sentido de espaço/tempo no mundo.[23] Por meio de uma manobra lacaniana bem divertida, Wilderson diz que ser-negro é não ter esse espaço-tempo. As pessoas negras não existem neste mundo: dele, radicalmente nos excluíram como condição de sua própria existência. A construção deste mundo depende de nossa exclusão. Em seu contexto, nós literalmente somos nada. Essa é a formulação que ele oferece. E ele faz isso numa passagem espantosamente lírica em que diz que o que entende ser necessário para fingir ou simular a existência é colocar-se "em relação" com a mulher branca.

No livro, Wilderson descreve uma relação complexa com uma parceira branca mais velha. O livro quase nos obriga a pensar no que é amar e odiar, ser incapaz de viver com e sem, em igual medida, um objeto erótico e social. O modo como ele se agarra tenuamente à existência que ele sequer pode reivindicar depende de seu ser em sua presença. Há, então, um momento em que ele está fazendo um trabalho

---

radioativo, como o decaimento beta nos núcleos atômicos. Embora chamada de "fraca", essa força desempenha um papel crucial em reações nucleares e na fusão de estrelas

23 Kant Immanuel, *The critique of pure reason*, trad. Marcus Weigett (Londres: Penguin Books, 2007), p. 59-83; ed. bras.: *Crítica da razão pura* (São Paulo: Abril Cultural, 1980).

político junto de duas mulheres negras, um trabalho sobre questões raciais e currículo nas faculdades comunitárias de Santa Cruz, Califórnia. Em dado momento, uma das mulheres, no que pareceu ser uma forma não-agressiva e não-julgadora, pergunta-lhe o seguinte: "Será que um dia você vai se relacionar com uma mulher negra de novo?".[24] Essa pergunta produz uma explosão lírica de vinte e cinco páginas, uma espécie de digressão polifônica espantosa que gosto sempre de comparar à *Grosse fuge* de Beethoven. Ao terminar esse exercício feito de maneira magistral, ele basicamente pergunta: "como o nada pode se relacionar com o nada?", e diz: "Não tive coragem de falar isso na hora; mal tenho a coragem de escrever agora".[25] É um momento angustiante. É corrosivo como o uso que Fanon faz desses termos: é linimento e lineamento, remédio e cicatriz. Há uma acidez nessa formulação. Ela é feita para queimar, desfazer, tirar a ferrugem, reduzir as coisas a um grau zero que pode de fato possibilitar a construção de outra coisa.

24 Wilderson III, *Incognegro*, 229. "Ontem à noite, a Naime me fez uma pergunta perturbadora. Será que alguma vez eu voltaria a estar com uma mulher negra? A pergunta me assustou, embora eu tentasse fingir que não".
25 Ibid., p. 265: "Eu sou nada, Naima, e você é nada; a resposta indizível à sua pergunta dentro da sua pergunta. Foi por isso que não pude — não quis — responder à sua pergunta naquela noite. Seria eu capaz de voltar a me relacionar com uma mulher negra? Era uma pergunta sincera, não acusatória — eu sei. E nada me aterroriza mais do que uma pergunta dessas feita com sinceridade. É uma pergunta que vai ao coração do desejo, ao coração da nossa capacidade negra de desejar. Se retirássemos, porém, os substantivos que você usou (substantivos habituais que nos permite sobreviver dia após dia), a sua pergunta me soaria assim: Será que o nada voltaria a se relacionar com o nada? Naquela noite, faltou-me coragem e integridade para dizer tais palavras. Agora, mal consigo escrevê-las".

É preciso, porém, muito trabalho para ouvi-las dessa maneira, ou para querer ouvi-las dessa maneira e, mesmo assim, por mais que fazer esse trabalho valha a pena, a sensação de que algo igualmente indispensável se perde ao realizá-lo não é ilusória.

Não posso afirmar que eu tenha feito esse trabalho, nem mesmo agora... Minha reação inicial foi um lance meio Jessie Jackson: "Não, você não é nada, é alguém; jamais diga isso". Fiquei tentando encontrar mil maneiras de resistir a essa fórmula. Meu interesse nela, entretanto, não se deve ao fato de que me sinto assim em relação a mim mesmo. Normalmente não acordo de manhã e penso que sou nada. (Meu negócio é mais e também menos doentio do que isso). Meu interesse na fórmula tem a ver com a ligação intensa que ela tem com o problema da relação entre negridade e a pessoalidade. Eu estava convencido de que essa relação se movia na forma de uma continuidade da coisidade, mas o trabalho de Wilderson me lançou a uma posição em que já não me sentia seguro sobre a relação entre negridade e pessoalidade em que eu estava investido. Pensei que poderia chegar a esta relação por meio da coisa ou, num certo sentido, por meio do objeto, em termos da resistência do objeto. Só que ele está dizendo: "Não há relação possível entre negridade e pessoalidade". Por isso, eventualmente, acabei deixando de resistir a essa sensação de que a negridade está ligada ao nada; sinto, agora, que é algo logicamente indiscutível. Agora, porém, quero pensar no nada porque acredito que, nesse deslocamento, nesse não-lugar em seu estar fora do tempo, há alguma coisa — há alguma coisa na nadidade.

Comecei a ler os escritos Zen[26] e a filosofia japonesa a partir da década de 1930,[27] em especial um pensador chamado Nishida Kitaro, que faz uma distinção interessante entre nadidade relativa e absoluta.[28] A relativa é a que normalmente associamos ao existencialismo, Camus ou Sartre, por exemplo. *O ser e o nada* de Sartre trata daquilo que Nishida chamaria de "nadidade relativa", que nós associamos a certo tipo de alienação do sujeito individual e a certo tipo de niilismo.[29]

O pensamento de Nishida se move na forma de uma espécie de banda mística global que inclui não só os ensinamentos budistas, mas o trabalho do filósofo alemão medieval Mestre Eckhart, com o qual Heidegger também estava profundamente envolvido. Eckhart tem esse "conceito" incrível, *Gelassenheit*, muitas vezes traduzido como "liberação", em que a nadidade está intimamente ligada ao sentido da renúncia de concepções já dadas; não apenas concepções a respeito do que constitui a pessoalidade normativa, mas acerca, também, do que constitui ou garante a

---

26 Tanahashi Kazuki e Peter Levitt, *The essential dogen, writings of the great Zen master* (Boston: Shambhala Publications, 2013); Daisetz T. Suzuki, *The awakening of Zen* (Boston: Shambhala Publications, 1980).
27 Robert E. Carter, *The Kyoto school, an introduction* (Albany: State University of New York Press, 2013).
28 N. da T.: Nadidade absoluta para Nishida é onde todas as contradições da existência cessam. Onde não há relativo, não há um bem, não há um mal, há uma negação da negação.
29 Robert E. Carter, *The nothingness beyond god: an introduction to the philosophy of Nishida, a study of good*, trad. V. H Viglielmo (Nova Iorque: Greenwood Press, 1988), p. 85-90 e p. 167-185; Kitarō Nishida, *Last writings: nothings and the religious worldview*, trad. David Dilworth (Honolulu: University of Hawai'i Press, 1987), p. 47-123; Jean-Paul Sartre, *Being and nothingness*, trad. Hazel E. Barness (Nova Iorque: Washington Square Press, 1992).

capacidade pessoal de compreender ou comungar com o divino.[30] Ao tentar abordar a relação entre negridade e pessoalidade na forma da coisidade, um elemento residual de meu trabalho se agarrou, ao invés de criticar de maneira rigorosa, à ideia de uma pessoalidade normativa: isso tem a ver com o que significa ter um lugar e um tempo neste mundo e, talvez, potencialmente, em outro. A ideia de nadidade de Nishida, para a qual o trabalho de Wilderson me levou, por assim dizer, que é a ideia de uma espécie de refúgio, me levou a trabalhar na necessidade de uma distinção entre a ideia de mundo como manufatura em que sujeitos e pessoas estão envolvidos, de um lado, e a terra como modo de habitação e prática, de outro. É aqui que entra em cena o trabalho de Harold (Mendez) e (o seu envolvimento com) o de Samuel Beckett, junto de toda uma gama de artistas que têm tido a coragem de cultivar uma harmonia com a nadidade, harmonia suficiente para que se tornassem capazes de encarar o que ela contém. Às vezes, a noção budista de nadidade [vacuidade] é traduzida, talvez de maneira fácil demais e um tanto enganadora, como um tipo de vazio, mas é necessário fazer uma distinção entre essas duas coisas para chegar ao conteúdo da nadidade, ao que significa libertar — mais especificamente, libertar o desejo por uma subjetividade normativa. Talvez

---

30 Para as afinidades de Eckhart com o Zen budismo e a Escola de Kyoto, ver Shizutero Ueda, "Nothingness' em Meister Eckhart and Zen buddhism", em The Buddha eye: an anthology of the Kyoto school and its contemporaries (Bloomington: Word Wisdom, 2004). p. 157-70; Meister Eckhart: the essential sermons, commentaries, treatises and defense, trad. Edmund Colledge (Mahwah: Paulist Press, 1981), sermão 52.

a nadidade, por ser irredutível e não-permutável com o vazio, torne possível uma reconfiguração do (que Wilderson chama de "nossa capacidade negra" para) desejar que não dependa da constante oscilação entre a falta (sempre conduzida pelo ser-negro e encabeçada por um "b" silencioso)[31] e a (branquitude como) normatividade. Por um lado, as pessoas negras foram constitutivamente impedidas de ter a oportunidade de conquistar a subjetividade (normativa). Por outro, podemos agora imaginar certa afirmação afro-budista sobre o fato da impossibilidade dessa conquista. Trata-se de uma fantasia que ninguém pode reivindicar; não deixa de ser uma estrutura que organiza a nossa existência — a ideia de uma autossuficiência absolutamente, plenamente, integrada e apartada.

Assim, já faz um ano mais ou menos que tenho tentado refletir sobre essa relação entre negridade, coisidade e nadidade. E, como disse anteriormente, o trabalho de Harold tem sido crucial para a minha reflexão. As palavras que sempre me vêm à cabeça quando escrevo e penso no seu trabalho são "desgastar", ou então "borrar". A borda áspera — borrada ou serrilhada — dele abre algo como um não-espaço para ser habitado e pensado. Queremos nos distanciar ou ainda atravessar e queremos que o desejo de suavidade, plenitude ou completude não nos sobredetermine. As bordas dele não estão gastas e borradas em função de uma ausência de prática. Estão gastas e

---

31 N. da T.: No original *"always headed by a silent 'b'"* [sempre conduzida por um "b" silencioso]. Aqui, o "b" mudo faria do negro [*black*] uma falta [*lack*]. Não há como reproduzir o jogo de palavras no português.

borradas porque foram trabalhadas. Acho isso a coisa mais atraente e inspiradora — seu trabalho torna evidente a prática monástica cotidiana de trabalhar e fazer. É assim que as obras de Harold se conectam aos subcomuns, porque sinto que os subcomuns são caracterizados primariamente pela prática cotidiana de trabalhar e fazer em uma (per)versão daquele antigo sentido grego de *poíēsis*.[32] Trata-se de uma poética social: processo constante em que as pessoas fazem coisas e se fazem umas com as outras, ou para ser mais exato, produzem continuamente diferenças inseparáveis. Onde fazem a socialidade em que vivem e, muitas vezes, essa socialidade em que vivem é concebida, em termos relativos, como nada, como algo que ninguém quereria ou se importaria. Nós que tentamos manter a fé e alguma relação com essa poética dos subcomuns sabemos, no entanto, que essa nadidade não é um vazio. É necessário habitá-la, mas também estudá-la e nela estudar em/como uma prática da própria nadidade. Nossa prática em seu interior é também uma prática de estudá-la. O trabalho de Harold, nesse sentido, é exemplo de uma poética dos subcomuns.

PÚBLICO 1: Se, de acordo com Frank Wilderson, "o negro não existe", dado que ser-negro depende inteiramente do reconhecimento pelo branco; por que ser-branco não depende inteiramente do reconhecimento também? Não são as duas coisas mutuamente dependentes?

---

32 Aristóteles e J. A. K. Thomson, *Nicomachean Ethics* (Londres: Penguin Books, 2004), p. 149; Giorgio Agamben, "Poiesis and Praxis", em *Man without content*, trad. Georgia Albert (Stanford: Stanford University Press, 1999), p. 68-76.

FRED MOTEN: É um paradoxo. Logicamente, o que você diz faz todo o sentido e, de fato, na obra de Fanon, há um momento em que ele mesmo exprime essa mesma fórmula lógica. Homi Bhabha fez toda a carreira dele falando sobre esse fragmento de Fanon.[33] Fanon escreveu que "o negro não existe. Não mais que o branco".[34] Há uma simetria aqui — a inexistência negra é mais ou menos simétrica em relação a não-existência branca. Há momentos em Fanon em que ele diz coisas assim, relativamente diretas. Há outros momentos, porém, que vão na direção oposta. Ainda que o homem branco não exista da mesma forma que o negro, ainda que estejam abraçados um ao outro na negação e na impossibilidade mútuas, em Fanon há esse outro sentido de existência em que o negro existe como invenção do branco. Então, se pensarmos bem na questão, admite-se a possibilidade de alguma existência anterior: o homem branco terá de ter existido, se se verificar que o homem negro é produção dele, seu artefato. Esse paradoxo temporal em Fanon, portanto, é algo que deve ser lido e trabalhado cuidadosamente quando sua obra for abordada.

O que há de profundo e interessante no trabalho de Wilderson é o compromisso com o que ele encontra em Fanon: ele entende que, pelo fato do negro ser fabricado, uma assimetria é produzida, assimetria

---

33 N. da T.: Aqui, Moten faz referência à Homi K. Bhabha, que escreveu o prefácio à edição inglesa, intitulado "Recordar Fanon o eu, a psique e a condição colonial", em Frantz Fanon, *Pele negra, máscaras branca*s (1986). Ver Homi K. Bhabha, *Recordar Fanon: o eu, a psique e a condição colonial* (São Paulo: Ubu editora, 2020).
34 N. da T.: Ed. bras.: *Pele negra, máscaras brancas* (São Paulo: Ubu editora, 2020), p. 242.

que para ele tem um duplo sentido. Por um lado, ela exige que se afirme e insista na nadidade negra; por outro, essa nadidade se torna, por isso mesmo, um agente poderoso e corrosivo capaz de destruir o mundo. Há um preço alto demais, portanto, a se pagar pela reivindicação dessa nadidade relativa em Wilderson, mas esse preço está inteiramente ligado ao menos à possibilidade desse benefício incrível. Podemos ver a inversão desse paradoxo no trabalho de Judith Butler, no capítulo sobre Althusser em *A vida psíquica do poder*.[35] Ela está escrevendo sobre o famoso ensaio "Ideologia e aparelhos ideológicos de Estado", onde Althusser diz que o sujeito passa a existir como efeito de uma interpelação feita pelo aparelho estatal. Butler pergunta: quando o Estado chama o sujeito à existência, quem é que o Estado está chamando? Essa problemática da interpelação produz uma regressão infinita que a própria Butler reconhece: se dissermos que o Estado chama o sujeito à existência, então estamos, de fato, dizendo que havia algo para o Estado chamar. Essa interpelação tinha de ser respondida por alguém — o paradoxo fanoniano, em que o negro e o branco não existem, agarrados em uma espécie de nadidade relativa mútua, ao mesmo tempo que o negro é a fabricação, a aniquilação e a condição de possibilidade do branco, imagem especular dessa imagem já espelhada. Você

---

[35] Judith Butler, "Conscience doth makes subjects of us all: Althusser's subjection", em *The psychic life of power: theories in subjection* (Stanford, CA: Stanford University Press, 1997), p. 106-31; ed. bras.: "A consciência nos torna a todos sujeitos: a sujeição em Althusser", em *A vida psíquica do poder: teorias da sujeição* (Belo Horizonte: Editora Autêntica, 2017).

está dizendo que o negro não existe mais do que o branco, mas, ao mesmo tempo, a nadidade peculiar do negro é derivada. Existe como um produto de sua fabricação, o que indica a possibilidade de uma existência branca anterior à negra que, por sua vez, é a única coisa que garante o aparecimento da branca.

Acho que há uma maneira de contornar esses paradoxos. O paradoxo de Butler é: vamos investigar quem foi interpelado; vamos acompanhar essa existência anterior e vamos ver se conseguimos descobrir algo sobre ela e estudá-la. Acontece que, quando a polícia chama, há muita gente que não se vira porque a experiência lhe diz que é preciso correr. Vocês se lembram da música "Ghetto supastar" do Pras? Ele também escreveu, junto de Krix Ex, um romance popular chamado *Ghetto supastar*, que nem é ruim.[36] O herói é uma criança chamada Diamond, um jovem DJ em ascensão, prestes a se tornar uma celebridade. Numa cena, ele vê um policial antes que ele o veja. Isso nos dá um cenário interessante no qual podemos começar a traçar a valência filosófica da experiência das pessoas que, de fato, antecipam o chamado estatal (feito de balas e de vozes) e tentam evitá-lo. Há algo a se estudar, portanto, nesse paradoxo delineado por Butler. Se podemos dizer que o branco ocupa ali a função do Estado, representa o Estado e tem a sua existência garantida pelo Estado como ator político, e se considerarmos essa fabricação do negro — não exatamente como, no discurso fanoniano, efeito de um chamado, mas

---

36 Prakazrei "Pras" Michel e Kris Ex, *Ghetto superstar* (Nova Iorque: Pocket Books, 1999).

desse aparato brutal e terrível de aparição que ele chama de "epidermização" —, então é possível imaginar qual foi a substância, a matéria da qual esse ente foi feito, como efeito de ter sido trajado, por assim dizer, com um corpo e uma pele sujeitos à mais violenta legibilidade.[37] Vamos prestar atenção nisso, ou então, dizendo de outra forma: se o negro é fabricação do branco, é uma fabricação que ocorre *ex nihilo*, literalmente, "fazer algo do nada". O que nos leva à necessidade de investigar esse "nada", ou de perguntar pela substância da nadi-coisidade.

PUBLICO II: Será que, em algum sentido, essas categorias são insuficientes? Qual é a natureza produtiva do binário? Você já se deparou com momentos e experiências em que não conseguiu mais utilizá-lo?

FRED MOTEN: Outra coisa que eu devia ter dito antes, continuando a partir do fim da resposta anterior, é que há uma distinção na obra de Heidegger. Para mim, tudo depende dela. Ele faz a distinção ontológica entre ser e ente. Você pode falar sobre vários entes, mas isso ainda nos deixa com a tarefa de tentar pensar o que é que eles partilham sob a rubrica do ser. Ou seja, o ser como a condição de possibilidade do aparecimento mesmo dessas coisas enquanto entes. Toda a obra de Heidegger se baseia na noção de que perdemos o sentido do ser; perdemos a capacidade de colocar a questão do sentido do ser na nossa ocupação cotidiana com os entes.

---

37 Fanon, *Black skin, white mask*, trad. Charles Lam Markmann (Londres: Pluto Press, 1986), p. 12-13; ed. bras.: *Pele negra, máscaras brancas* (São Paulo: Ubu editora, 2020).

Nahum Chandler é uma das duas pessoas mais inteligentes da Terra, a outra é Denise [Ferreira] da Silva.[38] Em seu livro mais recente, Nahum defende que a negridade tem de ser pensada em termos de não-existência, ou não-ser, o que significa que temos de nos envolver numa espécie de processo, ou modo de pensar que ele chama de "paraontologia"; não uma ontologia normal, mas algo em que Stefano e eu tentamos pensar como disrupção subcomum da ontologia. O que a gente começou a pensar por meio do trabalho de Nahum foi a necessidade, em relação à negridade, de uma distinção paraontológica entre negridade e pessoas negras. Foi aí que a noção de nadidade de Nishida se tornou útil, por causa dessa distinção entre absoluta e relativa. A ideia é que a pessoa negra é nada em relação à branca. Só que, dado o fato de que é assim que o binário funciona, sua utilidade é, obviamente, limitada demais. Ou, para falar de outra maneira, sua utilidade nos permite produzir certos tipos de crítica social que são absolutamente necessários. A nadidade relativa das pessoas negras em relação às brancas nos permite falar coisas sobre Trayvon Martin e Jordan Davis que pressupõem uma noção particular de valor (relativo). De modo que a infinidade daquilo que Olaudah Equiano chamava, há centenas de anos, de "incidentes e feridas" nos apresenta

---

[38] Nahum Dimitri Chandler, *X — the problem of the negro as a problem for thought* (Nova Iorque: Fordham University Press, 2013); Denise Ferreira da Silva, *Toward a global idea of race* (Minneapolis: University of Minnesota Press, 2007); Denise Ferreira da Silva, "No-bodies: law, raciality and violence", Griffith Law Review 18 (2009), p. 212-236; ed. bras.: "Ninguém: direito, racialidade e violência", *Meritum*, Belo Horizonte, v.9, n.1, jan/jun. 2014, e *Homo modernus: para uma ideia global de raça* (Rio de Janeiro: Cobogó, 2022).

continuamente a noção de que a vida negra não tem valor em comparação com a vida branca, que é relativamente sem valor em relação à branca. O que esse binário e esse discurso sobre valor não parecem fazer muito bem é nos permitir ou exigir que imaginemos a saída desse impasse. Sair dele não significa apenas tentar afirmar a equivalência de valor entre pessoas negras e brancas. É algo que exige uma crítica rigorosa do valor. Porque, a partir de certo ponto, não se trata mais de saber se temos ou não o mesmo valor, e sim de afirmar o caráter inestimável geral da vida. A partir do momento que a vida é valorada — bem, olhemos mais de perto para esse minuto, cuja repetição interminável nós habitamos, ou mesmo herdamos. Porque a ideia de que o genocídio permanente ao qual sobrevivemos é dependente da noção de que pessoas ou vidas negras não têm valor é estrutural e historicamente errada: não só nos foi atribuído um valor como um preço, no interior de uma estrutura de relações político-econômicas vis que são elas mesmas estruturadas, antes disso, pela imposição da individuação que se dá ao mesmo tempo que o roubo de nossa capacidade individuante. A pessoa individual, essa coisa particular, obscurece a subcomunalidade a ser reivindicada, que tantas vezes foi negada enquanto negridade, sua forma histórica absolutamente necessária e inexclusiva. Assim, basicamente, o que a distinção paraontológica entre negridade e pessoas negras nos permite fazer é deixar para trás essa noção de uma espécie de nadidade relativa — o negro em relação ao branco — e pensar a negridade meio que como uma condição geral que todo mundo, na minha opinião, pode acessar. O que "negridade" nomeia é crucial e importante, mas há outros nomes.

PUBLICO II (repete): É precisamente disso que se trata minha pergunta: você está procurando por um nome para uma condição que não é a subjetividade normativa? E isso me leva a perguntar sobre as muitas áreas cinzentas onde as pessoas operam e que não se encaixam nesse binário. Ou você está procurando por alguma coisa útil?

FRED MOTEN: O termo "zona cinzenta" me faz hesitar porque, em última análise, acaba reforçando o próprio binário que se quer desfazer, porque é o binário que determina essa condição cinzenta. É só uma birra minha. Em última análise, o que quero dizer é que vivemos numa história particular, "negro" e "negridade" são termos com uma história da qual não podemos simplesmente sair. Por várias razões historicamente específicas, essa condição de não ser um sujeito, de não ser um cidadão ou uma cidadã, de não ser uma pessoa normativa que possui a si e é possuída por si está associada à negridade. Associada a outras coisas também; para dar alguns exemplos, temos essa força irredutível e inexaurível da diferença sexual, da condição queer, da maternidade na negridade sobre a qual Hortense Spillers tem especulado há uns trinta anos.[39] Não sei se é possível para mim ou para alguém aqui abandonar o termo "negridade", mas, ao mesmo tempo, é importante reconhecer que a negridade, como uma espécie de força estética e social, não é determinada e

---

39 Hortense Spillers, *Black, white, and in color: essays on american literature and culture* (Chicago: University of Chicago Press, 2003).

estruturada por aquilo que as pessoas têm chamado de "binário negro/branco". A negridade é esta outra (não-)coisa. Temos que lidar com a história da nomeação disso por meio do termo "negridade". Não podemos simplesmente ignorar esse nome ou o fato de que, historicamente, as pessoas consideradas negras têm sido literalmente convocadas a preservar a negridade no e por meio do mundo como outro modo de vida na terra, quando, em outros lugares, esse outro modo de viver foi radical e violentamente (des)valorizado. Por isso, é importante fazer uma distinção entre negridade e pessoas negras, mas é igualmente importante reconhecer que a negridade não é propriedade das pessoas negras. Todo mundo tem o direito e a opção de reivindicar a negridade. Penso que minha divergência com Wilderson se dá no fato de que penso que reivindicar a negridade é uma benção, uma coisa incrível. Ele pensa que reivindicar a negridade equivale a reivindicar a morte. E talvez, para ele, isso seja uma benção, uma coisa incrível ou, ao menos, uma coisa absolutamente necessária; neste caso, o problema seria a minha tendência mais ou menos convencional de tentar manter a morte longe de mim. Ele fala da necessidade de uma "dança com a morte", mas tendo a pensar na necessidade de uma dança com a vida. É realmente importante trabalhar a restrição desse binário.

PÚBLICO III: Fico muito satisfeito com a última observação que fez sobre a obra de Wilderson e a sua. Não li o livro que mencionou, mas li um ensaio que ele escreveu sobre Gramsci, criticando o marxismo.[40] O que

---

40 Frank B. Wilderson III, "Gramsci's black Marx: whither the

nos remete ao que você disse sobre a negridade não ser equivalente na sociedade civil branca. O trabalho de Wilderson permite que você diga coisas, e essa leitura transformou mesmo a minha vida. Só que isso não nos dá um senso de agência. Pensar no seu trabalho em relação ao de Wilderson tem sido útil porque entendo os argumentos dele, mas também sinto que, depois de ler um texto como esse sobre Gramsci, fico meio e agora? O que diabos eu faço com isso?

FRED MOTEN: Como eu disse, [o trabalho de Wilderson] é rigoroso. É um adstringente. É um agente químico projetado para remover a superfície das coisas e tentar ajudar as pessoas a irem mais fundo. Ele ainda nos deixa, apesar disso, com uma série de questões sobre o que fazer. Há outro momento em sua obra, em *Incognegro*, que está muito ligado ao que descrevi anteriormente, aquele em que ele diz "como o nada pode se relacionar com nada". Nesse outro momento, o que ele diz é: "Nunca aprendi de fato a estar com outras pessoas negras". É uma formulação complicada, obviamente, porque ele cresceu numa casa cheia delas ou, ao menos, essa seria a avaliação mais óbvia de sua narração autobiográfica. O meu primeiro impulso foi dizer: "Bem, eu sei como é estar com pessoas negras. É você que tem um problema, porra". Há outro momento, no entanto, em que nos tocamos: "Não, isso daqui é profundo mesmo". Porque ele está falando que estar com pessoas negras não é uma coisa que você simplesmente faz depois de se levantar da cama. É um problema, um

---

slave, em civil society". *Social Identities 9*, no. 2 (2023), 225-40.

objeto de estudo, uma prática que exige pensamento. Penso, no entanto, que é possível aprender, ou, mais precisamente, estudar (sobre como ser) com as pessoas negras. É algo importante porque o lugar onde as pessoas negras estão reunidas é um lugar privilegiado para o estudo das possibilidades de fazermos algo diferente. Mais uma vez, é um efeito do fato das pessoas negras terem sido convocadas a preservar a negridade, dado que a negridade é universalmente condenada e, ao mesmo tempo, quase universalmente acumulada e desejada de todas estas formas mais corrosivas e brutais. Então, temos aqui um lugar que pode ser pensado e estudado. Por isso, talvez eu seja mais otimista [do que Wilderson] em relação a essas coisas. E, nesse sentido, nunca diria que sou um afro-pessimista, ainda que, é preciso dizer, eu nunca tenha me considerado e nunca poderia me considerar um otimista negro, nem mesmo e especialmente quando quero articular algo que poderia ser chamado de "otimismo negro" ou, melhor ainda, "operação negra".[41]

PUBLICO IV: Quero voltar à questão do valor que você mencionou no final da sua fala. O que significa fazer algo de valor no mundo?

FRED MOTEN: Acho que a ausência de valor está implícita. Assim, ao invés de nos agarrarmos ao valor, insistimos no inestimável. Isso significa um imperativo ético que demanda estruturar uma socialidade centrada no inestimável, no lugar de uma economia política absolutamente baseada no valor. Na verdade,

---

[41] N. da T.: Fred Moten, *Otimismo negro/Operação negra*, Chicago, 10/19/08. Tradução livre. Bibliopreta, 2022.

penso que temos diversos exemplos históricos de pessoas que fizeram exatamente isso, muitas vezes sob coerção, para que a gente não ficasse totalmente no escuro, tendo de inventar tudo do zero. Daí vira uma coisa que podemos estudar empiricamente.

PUBLICO V: Não conheço bem a obra de Wilderson, mas há um fio condutor em Fanon, que acho que é mais evidente em *Os condenados da Terra*, que, como você disse, envolve o entendimento de que a relação entre negridade e branquitude, colono e indígena é uma ficção, uma fantasia, e que a destruição do colonialismo produzirá novas possibilidades. Isso não aconteceu, claro. Não aconteceu na Argélia, e isso que ele previu um pouco. Há muitas razões pelas quais as pessoas se afastaram dessa formulação de Fanon, e isso tem a ver com o que aconteceu no mundo pós-colonial. Você nos pede que pensemos de maneira mais aprofundada, de uma forma que não é apenas política, mas filosófica e, ao ler a sua escrita em colaboração com Stefano, vejo que você abraça a causa comum entre subcomuns e negridade como uma espécie de rota de fuga. Há esperança nisso. Há uma espécie de inefabilidade, porém, que torna difícil a sua tradução em certos tipos de lutas e formações políticas. Acho que as metáforas são atraentes devido à generosidade da negridade estar disponível para quem quer que escolha este tipo de condição, mas ainda temos de lidar com a questão do poder.

FRED MOTEN: Eu costumava usar certos termos que já não gosto de usar mais. Quero continuar a ler e a trabalhar para sair desses termos, e um deles é "política" ou "o político". Hannah Arenndt faz uma distinção clara entre o político e o social. Ela faz isso e, penso eu, valoriza intensamente o político em detrimento do social, sendo o político um domínio público no qual os sujeitos falam e agem. Considero a distinção bem útil, mas estou empenhado no social, pelo qual ela se interessa sobretudo por ser algo que deve ser regulado. Mesmo que voltássemos aos termos gregos, o social englobaria o sombrio reino subcomum do *métoikos*, muitas vezes escravo, literalmente "aquele que está fora de casa". Sabemos, no entanto, que o que está fora de casa é também a pessoa cuja exclusão se dá por meio da incorporação. A pessoa que não é da família, que não só não está dentro como é incapaz do privado que, apesar disso tudo, ela torna possível, assim como torna possível o domínio do público, do Estado, do político; essa pessoa está sujeita a uma mecânica constituída de maneira maligna em que ela é excluída da casa e do Estado, do privado e do político ao ser trazida para dentro de tudo isso. Leiam *O banquete* e procurem pelo escravo que serve o vinho. A situação social da filosofia ali é a escravidão e temos de registrar esse fato e acompanhá-lo. Estou empenhado, porém, em tentar pensar algumas coisas sobre a socialidade que exigem procurar por essa pessoa e que, para mim, são inseparáveis de uma reflexão sobre uma poética em oposição à política. Nesse sentido, estou junto de Laura Harris e R. A. Judy.[42]

---

[42] Laura Harris, "'What happened to the motley crew?' CLR James, Hélio Oiticica, and the aesthetic sociality of blackness", *Social Text 30*, no.3 (n.d), p. 49-75; Ronald Judy, "Thinking in disorder: essays of poetics socialities", em Walter Rodney, *Radical Humanism* (Lodres: Verso Books, 2019).

Pensar em poética é pensar ao nível de uma prática. Muitas vezes penso nela como uma prática monástica cotidiana, mas no sentido de um monasticismo theloniano, um tipo monkiano de monasticidade. Seria o monasticismo do clube. Penso que as pessoas se engajam com essas práticas o tempo todo. Um grande momento para Stefano e para mim foi um momento muito simples de nos familiarizarmos com o termo técnico usado pelos Panteras Negras: "O Partido dos Panteras Negras para Autodefesa". Isso significa que eles pensavam que tinham algo a defender. Vamos tentar estudar esse negócio: o que é que eles pensavam que tinham para defender? Não me parece, em primeiro lugar, que fosse um conjunto de vidas individuais, individuadas, diversa e problematicamente valoradas. A militância daquelas pessoas, tendo a autodefesa como objetivo, tem que ser entendida de maneira fundamentalmente diferente do entendimento que temos da militância que associamos a um movimento social em busca de algo que falta. Aquelas pessoas tentando defender, e não obter algo que não possuíam. Se pensarmos naquilo que chamamos de "Movimento dos Direitos Civis" a partir desses termos, abre-se todo um espaço bem maneiro — se dissermos que a segregação foi um modo agressivo de tentar matar, assassinar e destruir aquilo que a gente negra do Sul tinha que defender, então a dessegregação foi um modo de autodefesa. Não foi algo do tipo: "queremos beber a água de vocês"; era mais um: "queremos que parem de nos matar e a segregação é a modalidade por meio da qual vocês nos matam". Dizer que temos algo a defender significa que temos algo a estudar, de modo que toda a noção de *ex nihilo* — fazer algo a partir do nada — passa a significar que nada tem substância. Dizer que fazemos algo a partir do nada significa que alguma carne, algum tanto de ossos e cartilagens devem estar presentes, literalmente, na não-coalescência e na inseparabilidade do corpo localizado espaço-temporalmente. O nada que está aí, bagunçando constantemente o aí e o agora, é valorado e codificado dessa forma ridícula, mas precisamos saber que temos algum material com o qual poderemos trabalhar. Isso é o que fazemos nos engajando em algumas formas cotidianas de prática. Há certa maneira de pensar sobre o movimento social no sentido de um "queremos alguma coisa". Vocês têm todas essas paradas e nós queremos um pouco delas. Estou mais interessado em defender um tipo de prática social em que dizemos: "Vamos ver se conseguimos cultivar o que partilhamos". Não penso em termos de autoajuda, de fazer algo por si, e nem estou tentando diminuir essas coisas. Já temos uma espécie de radicalização da própria ideia do *eu*, porque há sempre essa constante criação, diferenciação no interior dessa prática — o que defendemos quando nos defendemos é a nossa capacidade permanente de reconstrução. Isso significa darmos as costas a uma política ocupada com a entrada nos lugares, a uma subpolítica dependente do que significa, agora, a entrada no domínio do político, mordiscando as margens do político, como um castor construindo uma barragem. Tenho uma relação de amor/ódio com o Facebook. Em parte porque tenho todas essas pessoas ali que são minhas amigas, vocês me entendem, queremos ter essas amizades, fazer amizade com as pessoas que são nossas amigas, e temos uma causa comum com elas. Por isso, muitas dessas pessoas, no meu caso, são professoras negras. Temos relações tênues com as instituições, e um monte de *posts* no Facebook que sou convidado a ler têm a ver com isso. Vocês devem ter visto um deles, ele dizia assim: "eu também sou Harvard". Essa molecada de Harvard que diz "eu também sou Harvard" e que é rapidamente acompanhada por um "eu também sou Oxford". Veja, também estudei em Harvard, por isso não estou tentando me distanciar disso, mas afirmar, de fato, que entendo alguma coisinha sobre o assunto. Uma coisa é dizer: "quero lutar contra a capacidade que vocês têm de me excluir". Temos uma história de recusa daquilo que nos foi recusado. Se estudarmos essa história, poderemos desenvolver algumas práticas que serão úteis e isso não será de todo ruim. Temos de fato algo com o que trabalhar.

PUBLICO V (repete): Muito obrigado pela fala e por ter chegado a esse ponto de falar de práticas e de socialidade, porque, para mim, quando leio na ausência de envolvimento com essas práticas, a própria prática da leitura ou da escrita se torna quase insuportável, então eu tenho um milhão de perguntas para te fazer. Queria ver qual delas você gostaria de abordar. Parece que há novas formas de produção de nadas ou ninguéns na América pós-racial, ligadas à invenção da não-pessoa indocumentada. Há práticas no interior dessas posições que envolvem o acolhimento da legalidade como uma posição diferente do tipo que encontramos na política convencional, baseada em direitos. Não sei se isso é algo que te interessa ou algo que esteja elaborando. Também estou lendo *Os subcomuns* e não consigo largar o capítulo "Fantasia no porão do navio". Queria saber se está disposto a falar sobre isso ou a expandir esse entendimento, não só da carga, da negridade e da coisidade, mas da logística também, no sentido de produzir todas as formas de socialidade como nadidade. Dizendo de outra forma, como é que a fantasia no porão do navio se expande incorporando essas questões em torno da nadidade?

FRED MOTEN: O termo que me vem à cabeça e que meio que liga essas coisas seria... é possível que, por meio dessas pessoas indocumentadas, a gente possa começar a pensar na indocumentabilidade como algo a ser abraçado. Nesse sentido, parece que a indocumentabilidade está vinculada à "fantasia no porão", a essas formas exauridas de socialidade que ocorrem nesse espaço e ao que significa operar dentro da brutalidade do embarcamento, da incorporação brutal numa espécie de regime logístico; ao mesmo tempo, há esse estar ali em todas essas formas ricas e complexas de estruturar o seu próprio itinerário, que foi o que as pessoas fizeram sob a mais extrema coerção possível. Não, devo lembrar que a noção de "fantasia no porão" é algo a que Stefano e eu chegamos por meio do trabalho de Wilderson, e devo salientar que esse trabalho depende, em muitos aspectos, da noção de que a experiência do ouro do navio na passagem do meio, em si mesma e na sua relação com todo um complexo de experiências negras, não encontra qualquer análogo. O que estou tentando dizer aqui, no entanto, não é nem refutar nem confirmar essa afirmação. Na verdade, nesse caso, a questão diz respeito à possibilidade de uma habitação subcomum da apatridade, que, mais uma vez, Wilderson demanda que pensemos não como uma escolha, ou mesmo uma vontade, e sim um desejo até agora inimaginável de permanecer ali. É possível permanecer na apatridade? Os itinerários que essas pessoas começaram a estruturar... penso que se baseavam no que elas elaboraram como um acolhimento da indocumentabilidade, não negar essa condição, não tentar entrar no domínio do documentado dessa maneira. E é aqui que a ilegalidade se aproximaria ou se ligaria a algo que se encontra sob a rubrica da criminalidade; é o tipo de criminalidade, porém, que acaba por não ser tão contra a lei assim, é a própria condição de possibilidade da lei, onde a conversa é mais sobre o processo social permanente de elaboração da lei.

Há um grande professor negro de direito que estava na ativa no final dos anos 1970, início dos 1980, chamado Robert Cover. Morreu muito novo, mas escreveu uma série de coisas interessantes. Escreveu um ensaio chamado "Nomos e Narrativa",[43] que é uma revisão dos casos do Supremo Tribunal desde 1982. Ele diz algo que me deixou obcecado ao longo dos últimos anos. Ele diz que o Estado e os tribunais não estão, em primeira instância, muito preocupados com a regulação da ilegalidade; estão mesmo é preocupados com o mecanismo pelo qual se torna possível oligarquizar a capacidade de fazer

---

43 Robert M. Cover, "The supreme court term, 1982 — foreword: Nomos and narrative", *Harvard Law Review 4*, 1983-1984, p. 4-68.

leis. Querem regular essa capacidade e permitir que apenas algumas pessoas a tenham.[44] Por isso, quando ele fala de prática legislativa, o que ouço é uma prática constante e cotidiana de improvisação, de decidir o que vamos fazer, de nos organizarmos — "Bem, ontem não fizemos as coisas assim, mas hoje vamos fazer de outra maneira". Essa foi a regra que estabelecemos para a nossa prática ontem, mas vamos quebrá-la hoje para que possamos elaborar uma nova formulação. As pessoas que governam querem se certificar de que são poucas as que têm a capacidade para se engajar com esse tipo de coisa. Querem forjar instituições jurispáticas[45] para regular a jurisgeratividade em nome da ordem. Elas não conseguem liquidá-la completamente e acabam descobrindo várias formas de explorá-la, mas ela ainda se mantém, para nós, como um conjunto de possibilidades e, mais uma vez, podemos estudá-la porque está sempre acontecendo. Temos que valorizar, portanto, essas instâncias em que fazemos as nossas próprias regras e estruturamos as nossas próprias práticas, em vez de nos preocuparmos sempre e de maneira excessiva com o meio para chegarmos até elas; como se não estivéssemos já lá onde elas estão.

---

44 Ibid, p. 40: "É notável que, no mito e na história, a origem e a justificação de um tribunal raramente são entendidas como a necessidade de haver leis. Pelo contrário, a necessidade é a de suprimir a lei, de escolher entre duas ou mais leis, de impor às leis uma hierarquia. É a multiplicidade das leis, a fecundidade do princípio jurisgerativo que cria o problema para o qual o tribunal e o Estado são a solução".
45 N. da T.: Jurispática refere-se ao poder conferido às instituições de impor e regular normas jurídicas, limitando a mudança e mantendo a ordem estabelecida.

Trabalho na universidade, faço isso há quase vinte e cinco anos. Há muito tempo me dei conta de que não, ela não se importa com o que faço em sala. No que lhe diz respeito, nossa função é essencialmente administrativa. Isso significa que entregamos às turmas aquilo pelo qual elas pagaram, ou seja, uma nota. É esse o nosso verdadeiro trabalho ali. O que fazemos, o que lemos: não interessa. Por isso, podemos fazer o que quisermos. Não consigo expressar para vocês a frustração que é para mim estar sentado ali em uma reunião do corpo docente e ouvir meus colegas falando sem parar dos administradores e do que eles pensam. Eles usam esse "nós" não-majestático para falar da instituição. Eu não quero ter nada a ver com isso, o que torna especialmente deprimente ouvir essa merda sair da minha própria boca. Ainda assim, sei que não temos de nos organizar dessa forma. Eles nem sequer verificam essas coisas. Não enxergam. Nós podemos mentir. Podemos dizer para eles qualquer coisa. E, muitas vezes, já estamos fazendo o que os insurgentes e os desordeiros fazem desde sempre: roubar e mentir. Pegamos as coisas deles, usamos as coisas deles que não são deles, escondemos elas e fazemos o que queremos fazer, e assim podemos nos preparar para que possamos construir algo que defenderemos, para que, quando eles finalmente descobrirem o que fizemos e vierem atrás de nós, nós possamos nos defender. Se tudo o que temos a defender são as nossas aspirações de sermos como eles, então estou pronto para desistir. Não quero ser como eles. Quero algo diferente. A exclusão funciona por meio da incorporação. É o que acontece no tráfico de pessoas escravizadas. Na história da exploração das mulheres e no que diz respeito à imigração. Venha aqui e faça toda essa merda que não queremos fazer e então saia fora. Mas não vá. Você não pode sair. É uma loucura.

Você lembra como Malcolm costumava dizer: "Vocês estão lidando com um homem bem burrinho".[46] É muito importante reconhecer isso. Sim, ele é brutal e violento. Sim, ele mata de um momento para o outro, mas também é bobinho. Não se iluda pensando que a sua tolice significa que ele pode ser facilmente derrotado. Na verdade, estou cansado de ver pessoas chamando George W. Bush de estúpido, porque ele estava fodendo com a porra do mundo. Então, o que significa dizer que ele é estúpido se ele estava fodendo com a porra toda? Ainda assim é importante reconhecer a tolice, não para subestimar o que eles fazem, mas porque você quer dizer: "Eu não quero ser assim". Na minha turma da UCR, os alunos brancos são uma minoria e, para eles, bem como para o resto que forma a velha-nova maioria, há um nível de militância que é um produto daquilo que os meus colegas têm ensinado de uma maneira

---

[46] Malcolm X, "The ballot or the bullet", em George Breitman (ed.), *Malcolm x speaks: selected speeches and statements* (Nova Iorque: Grove Press, 1990), p. 36: "Neste momento, um africano pode ir aonde quiser. Tudo o que ele precisa fazer é colocar um turbante. É isso mesmo, vai aonde quiser. Basta deixar de ser um negro. Mude o teu nome para Hoogagagooba. Isso vai te mostrar como o homem branco é burrinho. Estão lidando com um homem bem burrinho. Um amigo meu, que é muito negro, colocou um turbante na cabeça e foi a um restaurante em Atlanta antes do estabelecimento se dizer dessegregado. Entrou num restaurante de brancos, sentou, foi servido e ele disse assim: "O que aconteceria se um negro entrasse aqui?". E lá estava ele sentado, negro como a noite, mas como tinha a cabeça coberta, a empregada olhou para ele e disse: "Ora, nenhum desses pretos se atreveria a entrar aqui".

que, penso eu, é boa e inteligente. Na verdade, odeio a palavra "privilégio". E a outra palavra que odeio quase tanto quanto é "precariedade". Mesmo assim, são coisas que podem ser rapidamente usadas para te chamar a atenção em Riverside e os estudantes também nos chamarão por meio de Althusser. Será tipo assim: você precisa verificar o seu privilégio porque você não entende a relação entre subordinação e superordenação. Eu tive esse tipo de estudante. O nome dela era Aletheia, literalmente "verdade". E havia uma garota branca que fazia o possível para rever seus privilégios no contexto de uma história que provava que ela não tinha nenhum.

Ela nos disse: Bem, eu estava trabalhando e um velho branco entrou e pediu dois tacos. O rapaz que estava trabalhando na estação dos tacos era indiano. Ele começou a fazer os tacos. O branco diz: "Espera, não quero que meus tacos sejam feitos por ele, não quero ninguém escuro assim fazendo os meus tacos". Daí a formulação: este homem é um bobão. De onde você pensa que vêm os tacos? Só pode estar doido, né? A garota ficou tipo... OK... Foi um momento em que ela se sentiu fortalecida por certo tipo de lei. E a lei era: temos o direito de recusar serviço a qualquer pessoa. Então ela disse: "É ele quem está na estação de tacos. Posso te devolver o dinheiro e você pode ir embora ou pode comer uns tacos feitos por esse rapaz". Então o gerente entra e tira o rapaz da estação e põe um cara branco pra fazer os tacos.

Bem, a primeira coisa realmente problemática aqui é o fato dela ter começado a sua história dizendo: "Sou branca e nunca sofri racismo". Bem, na verdade você o experimentou, certo? E foi assim que funcionou. De repente, uma mulher da turma acusou-a de agir com base num tipo de privilégio não-consciente que se manifestou quando ela não defendeu o rapaz. E a garota respondeu: "Não defendi porque preciso do emprego". "Quantos de vocês trabalham?", perguntei. Todo mundo levantou a mão. É uma conversa que nunca pode acontecer na Duke, onde eu costumava dar aula. Nesse momento, a analítica do racismo que precisávamos abordar não tinha a ver com o que aconteceu com o rapaz indiano. Era preciso retornar à 13ª Proposição da Constituição da Califórnia, falar da racialização da política tributária, tudo isso para explicar por que a mensalidade escolar custava 450 dólares por semestre e passou a custar 14 mil por ano, o que significa o seguinte: praticamente todo mundo que estuda comigo na Universidade da Califórnia, a maioria dessas pessoas sendo as primeiras da família a entrar numa faculdade, tendo a menor renda familiar *per capita*, todas elas estão trabalhando. E isso levanta uma série de outras questões sobre o que podemos fazer em sala e sobre o que poderíamos pensar, e como podemos nos organizar, porque tenho essas turmas cheias de gente trabalhando 30 horas por semana, basicamente organizando as suas vidas em torno de tarefas acadêmicas. Por um lado, podemos dizer que isso exclui completamente a possibilidade delas formarem efetivamente uma prática intelectual para si mesmas. Por outro, queremos estudar as práticas intelectuais que elas estão formando para si mesmas dentro e fora de sua exaustão. A universidade pressupõe essa proliferação de tarefas dadas a estudantes em sobrecarga porque isso ajuda na administração, e o que eles administram não é apenas um regime econômico dentro da universidade, mas a produção de uma classe trabalhadora dócil. Muitas vezes, essas pessoas estão tão sobrecarregadas de trabalho que a única coisa que podem fazer é o que eu disser para elas fazerem. Elas basicamente me dizem: "Por favor, nos diga o que fazer". E eu respondo: "Não, vamos descobrir o que queremos fazer". Até isso é nocivo porque elas não têm tempo para pensar no que querem fazer. Elas dizem: "Sabemos que está tudo uma merda, mas não temos tempo". Quando chega nesse ponto, não tenho mais respostas. Começo pensando que talvez elas tenham. Não sei o que vamos fazer, mas temos de arranjar outra solução. E acho que gosto muito mais dessas pessoas porque trabalham; então, e se a resposta não for a redistribuição, para que elas não tenham de trabalhar mais, uma vez que isso também produziria algo do outro lado de um défice intelectual? E se for importante que elas trabalhem, uma vez que isso estrutura o seu pensamento de formas muito interessantes e profundas? Então a questão é: como é que nos organizamos face a esses constrangimentos de forma a eliminar o mecanismo que os produz? Por vezes, tentamos eliminar tão rapidamente os constrangimentos em nome da inclusão, porque são constrangimentos injustos e que não deveriam existir, que acabamos dando nosso consentimento ao mecanismo. Elas não deveriam ter que trabalhar. Só que o fato de trabalharem abre um leque de possibilidades que não existiriam se não trabalhassem. Por isso, a verdadeira questão é, precisamente, qual deve ser a nossa prática? Uma questão diferente de "o que é que os reitores querem?". Por isso, estamos trabalhando nisso. Vai ficar tudo bem. Não sou otimista, mas sou.

PÚBLICO VI: Que disciplina foi essa?

FRED MOTEN: Era sobre literatura afro-americana no Renascimento do Harlem. Basicamente, quando lemos Phillis Wheatley e Harriet Jacobs, fica impossível não falar dessas coisas. Não sou muito fã de *12 years a slave*; nada contra a Lupita Nyong'o, só não ligava muito para vestidos na época... não é agora que vou começar a me importar. Muito do que o filme está tentando desesperadamente fazer é produzir, no seu público, que penso que geralmente é pressuposto como branco, esse sentimento de "nossa, ela é igualzinha a mim". No caso do livro, o que ele está realmente tentando fazer, de maneiras um tanto complexas, é produzir constantemente uma experiência intensa em que você chega a dizer: "Caramba, sou igualzinho a ele". Esse outro, essa identificação oposta é muito importante e é isso que a literatura está constantemente fazendo, então se torna impossível não pensarmos na experiência dos e das estudantes enquanto lemos este negócio. Tive uma aluna que me disse: "Você também é um senhor de engenho. A sua posição como professor é análoga a essa". Eu disse: "Não, não é". Ela disse: "Sim, é". Eu disse: "Sim, é mesmo". Então, temos esse monte de coisas no qual temos que trabalhar. Obrigado.

Ninguém, todo mundo: orar, preparar, reparar (com Harold Mendez)
Fred Moten

> Panic dwindled into titters into detached fascination. It was just a show. The longer they watched the less they felt. Events coupled, cavorted, and vanished, emotion hanging in midair before their lemur eyes like a thin shred of homeless ectoplasm. It was cool. It was like drowning in syrup.

Fred Moten

* Esquerda: Harold Mendez, *A blurred and generalized projection of you and me*, 2013 (performance/instalação encomendada pelo festival perFOREmance, Studio Museum Harlem).
* Acima: Harold Mendez, *But I sound better since you cut my throat*, 2016 (Fotografia da instalação apresentada no programa de exposições do Threewalls, Chicago – EUA).

E se pudéssemos separar o reparo não apenas da restauração, mas da própria ideia do original? De modo que o reparo não seja mais prioridade, e sim o que antecede. Nesse caso, criar e reparar são inseparáveis, devotos um do outro, suspensos entre o limite e a emenda. Harold Mendez[47] produz mudanças a partir do nada; carne a partir da falta. Seu trabalho, que é mais + menos do que isso, mais + menos do que dele, convoca a essa suspensão, ao repouso como prática geral do frenesi contemplativo, o campo geral e verdejante do gesto preparatório, o movimento geral do pré. Nesse sentido, como Francis Ponge,[48] o modo ditafônico como acaricia as coisas, mais frio do que o zero absoluto, mais + menos do que isso, mais + menos do que dele, é como lisis analírica, com seus deslizamentos e cruzamentos seccionais, a vida intensa de mil cortes rondando o olhar absoluto; como Terry Adkins,[49] ele recita quando instala, e a passagem é nossa audição e ensaio, mais + menos do que isso, mais + menos do que nossa. De longe,

---

47 N. da E.: Harold Mendez (1977) é um artista nascido em Chicago. Ele é mais conhecido por sua participação na Bienal de Whitney de 2017 e também teve suas obras expostas e adquiridas por instituições como o Museum of Modern Art, Studio Museum in Harlem, entre outras.
48 N. da E.: Francis Jean Gaston Alfred Ponge (1899-1988) foi um renomado poeta francês, conhecido por sua abordagem singular à poesia, que mescla rigor literário e sensibilidade filosófica. Sua obra, como Le parti pris des choses (1942), destaca-se pela exploração da "coisidade" e pela reflexão sobre a linguagem.
49 N. da E.: Terry Roger Adkins (1953-2014) foi um influente artista e educador americano, conhecido por seu trabalho multidisciplinar que combinava escultura, som, performance e instalação. Adkins foi Professor de Belas Artes na School of Design da Universidade da Pensilvânia. Ele é lembrado por sua contribuição única ao diálogo entre arte e história.

de dentro e fora das suas palavras que não são suas, agora mesmo, o agora que sempre nos antecede, você deve repetir o que repito do que ele diz que é o que você provavelmente estava dizendo o tempo todo, já que você está aqui: o trabalho está em oração; estamos em oração no trabalho; em resposta, chamamos o trabalho para orar. Orar pelo repouso da prática geral do repouso é um desvio subconceitual da história da arte feito para tomar o caminho de volta ao fundamento dessa história, subterraneamente, subcutaneamente, enquanto a superfície vai zumbindo e vamos sentindo sua incomensurável profundidade, a pele por baixo de si mesma, tudo que há por baixo disso, profundo, fundo ascendente, onde o conteúdo proposicional da preposição não é mais do que ruído, anúncio na emenda e na borda, superfície em todo e nenhum canto, desgaste, fusão, franja, borda, poro, impulso, canal, surto. É isso quem somos e onde estamos, quando oramos pelo reparo anoriginal.

E se pudéssemos preparar, como selo e piche, essa espera? O gesto e a postura do trabalho da carne multiplicam a mudança. Se você olhar de perto, através do sólido, o *um* dado e retirado como alguns, olhando de perto o suficiente para que a aritmética do definido e do indefinido exploda em diamantes transfinitos da pele, então, o que temos ali é um trabalho em desenvolvimento. Então, algo não-fixo está se planejando para acontecer e há uma imagem de algo se preparando para acontecer. Uma imagem residual do evento do tecido. Algo se preparando para ser feito do nada, aqui. Uma fabricação aqui em cima esperando pelo evento abençoado. A preparação brilha na suspensão, a visão e o som degenerativos e regenerativos das coisas, *de re*, o real, o limite instável. Tentando preparar o trabalho no limite, o trabalho na superfície anapreposicional, o subconceito e a anecologia do trabalho da terra, para que possamos orar. A trama radiada das vestes de luto nos envolvendo como pano de oração, tentamos preparar o frio, o congelamento interno e externo que anima o olhar orante, lento como o trabalho dos sonhos. Tão perto. Estamos tão perto de onde estamos. Limite próximo, ele diz. Como podemos fazer as pazes? O som do chamado à oração é desfiado. Olhe bem de perto através dessa solidez, armado contra ninguém. Mostrar a compostura dessa frieza é fogo frio. Se o preço de olhar fosse a cegueira, eu teria olhado, ele diz. Todo mundo está lá, ninguém está lá, ninguém ocupa, nos preocupamos no desfiamento, no recurso indisponível, o massacre civil de suas facas e o sequestro texturizado, no qual as paredes deixam marcas e as portas são apenas memória de portas, porque veja o quanto, mesmo dentro, estamos fora? Nos sonhos, ele diz, eu olho de perto através da solidez pela qual eles olham através de nós. A superfície é profunda, ele diz. O plano é espesso e áspero. Certos fatos (negridade; suas experiências vividas de várias formas; sua dispersão geral; a epiderme e suas dobras vestibulares, seus véus, joias, sudários; nossas devoções hápticas; as capelas rachadas; a igreja geral; o belo concerto; o terrível conjunto; o ouro, as variações brutais) carregam isso. Suporte isso. Carregue inadequadamente, ele diz. Nós que não podemos esperar, continuamos esperando por essa vinda contínua da textura. Nós que somos nada, nós que não temos ninguém, esperamos ansiosamente que você aprenda a esperar por tudo isso. Nós que não temos nada mantemos isso em reserva. Estamos a serviço. Mal podemos esperar pelo reparo dessa impaciência. Por toda parte, tudo ocupado, ele diz. Nosso olhar é frio, tão frio que é fresco e sem julgamento. Tão frio que queima e não pertence. O olhar desbloqueia e quebra todos os laços, nenhuma palavra é promessa, estamos tão perto, estamos bem ali, fora de nossa jurisdição, no trabalho e fora de sincronia, no limite, emenda, em deposição, em repouso, em preparação, em reparo, o solo arejado que ele continua trabalhando: reparando, amenizando, insinuando, planejando, estudando, resolvendo, sim.

HÁPTICO

Um pequenino acompanhamento
Fred Moten

Cheryl Wall chama isso de "perturbação da linha" – um desfiamento anarrítmico que se opõe à mutilação e à alienação.[50] Não temos um problema com o trabalho, mas com morrer em Detroit, em Birmingham, em Bridgetown. Contra a obviedade do "alcance" e da "aceleração", a linha desvia e nós saímos do sistema. A caravana curva, circula e reúne, como se estivesse preparando-se para fazer um nó – peregrinação óbvia pelo caminho do "sem condições". Não há como sair da rodovia carcerária do embarcamento e do valor. Sopradas pelo harmatão, pelos alísios e pelo vento de Santa Ana, nossa condição desenraizada é uma prática que nunca alcança a fuga ou o retorno. "Sem condições" é como fazemos. Somos uma fábula do que está fora e do que se foi.[51]

50 Cheryl Wall, *Worrying the line: black women writers, lineage, and literary tradition* (Chapel Hill: University of North Carolina Press, 2005).
51 Amiri Baraka, *Tales of the out & the gone* (Nova Iorque: Akashic Books, 2006).

Caravana (s.f.)

No século XVI, o termo referia-se ao Norte da África ou à Ásia Ocidental, descrevendo uma "companhia de viajantes, peregrinos, mercadores, etc. que viajam juntos por questões de segurança". Vem do francês *caravane*, do antigo francês *carvane* ou *carevane* (século XIII), e do latim medieval caravana. Essas palavras foram assimiladas durante as Cruzadas, por meio do árabe *qairawan que vem* do persa *karwan*, "grupo de viajantes do deserto" (o qual Klein relaciona ao sânscrito *karabhah*, "camelo").

Usado em inglês desde a década de 1660 para descrever "um grande número de pessoas viajando juntas com muita bagagem", o termo passou a se referir, na década de 1670, a um "grande veículo coberto para transportar passageiros". Mais tarde, passou a designar também veículos usados para shows itinerantes ou como moradia por pessoas ciganas. No inglês britânico moderno (a partir da década de 1930), o termo frequentemente serve como equivalente aproximado de "*camper*" ou de um *veículo recreativo* estadunidense.[52]

A história da caravana, história de sua expansão por meio de um esforço marcial, como aceleração e busca incessantemente predatória e regulatória, é a história de uma brutalidade absoluta. Nela, o que está em jogo não são apenas os crimes da Europa, mas a própria ideia de Europa — esse patógeno criminoso — como agente genocida e geocida. Se a caravana, porém, representa a logística da mobilização total como assassinato total, ela só o faz como redução da energia renovável e revitalizadora desse des-local[53]

---

52 Ver: https://www.etymonline.com/word/caravan.
53 N. da E.: Para contextualizar este termo, deslocamos uma passagem escrita pelos tradutores Victor Galdino e viníciux da silva ao

a ser nosso à pulsão de morte do mero deslocamento. Se a caravana é onde o humano é brutalizado, também é onde (o) homem é des-alocado em companhia, como um acompanhamento musical de fundo, curvo e agregador no momento em que uma pequenina linha de baixo é oferecida, enquanto uma improvisação jamersoniana é induzida, deltada e ilhada, na forma da reivindicação e do clamor constantes da logisticalidade.[54] Se a caravana trabalha o trabalho tanto quanto

"Prefácio à edição — Improviso sem fim: uma variação brasileira", em Fred Moten & Stefano Harney, *Tudo incompleto* (São Paulo: GLAC edições, 2023) p. 20: "Outra dificuldade [...], foi traduzir '*dis place/meant*', [...]. Fred e Stefano reúnem '*dis place*', de M. NourbeSe Philip, e 'place/meant', de Amiri Baraka, de uma maneira que complica tudo, pois foi preciso traduzir cada uma das expressões de um jeito que permitisse sua reunião. No caso de '*dis place*' [*this place* = esse lugar], NourbeSe Philip busca pensar o modo como a intimidade da mulher negra se torna pública na *plantation*, o lugar 'entre as pernas' como meio de produção do Novo Mundo, e isso se faz possível por meio do deslocamento forçado que é a escravidão e o tráfico transatlântico; *displace* = deslocar. Tomar esse corpo em seu poder de geração como ponto de partida é começar no deslocamento. E aí temos o '*place/meant*' de Baraka como ligeira perversão, por meio da letra 'a', de '*placement*' = 'alocação'. O verbo '*mean*' diz 'significar', mas é possível usá-lo para dizer que algo está destinado, reservado a alguém — *this was meant to be* = isso estava destinado a acontecer. Assim, Baraka pensa a alocação das pessoas negras nas Américas como deslocamento que, no fim, faz do processo de descoberta de *seu* lugar próprio um movimento impróprio: se há um lugar, ele não é aquele ali, aquela América; só que também não é outro lugar a ser recuperado, na colagem de fragmentos de mundos pré-coloniais. A criação incessante de uma espacialidade reservada (*meant*) às pessoas negras por meio do fazer contínuo e diferencial de comunidades negras leva até esse local a-ser-nosso (*meant*) que não é fixo, não é sempre o mesmo. Finalmente, *dis place/meant* = esse des-local a-ser-nosso — é assim que foi traduzida".

54 N. da E.: Conforme passagem escrita pelos tradutores Victor Galdino e vinícius da silva no "Prefácio à edição" de *Tudo incompleto*, p. 13, o termo: "'logisticalidade' [*logisticality*], como diz Stefano, 'é aquilo que precede a logística e, ao mesmo tempo, oferece sua razão de ser'. A logística é o trabalho de anular a

o homem, submetendo ambos a uma irregularização topográfica e a um toque perturbado/perturbador, então, na contramão, uma semente é antecipada — talvez não patológica, talvez patográfica, cripta aberta, veicular, anti- e ante-cruzada dedicada ao feriado negro e, como Nahum Dimitri Chandler diria, um recesso esfoliativo. Se a caravana também é corrosiva para o homem, em nome de uma novidade que talvez "o homem" não possa nomear, isso se dá no reconhecimento inerradicável do fato de que o homem sempre foi um supervisor[55] (como Max Roach e Abbey Lincoln poderiam expressar em sua interminável e perturbadora rememoração do ritmo do sistema de ferro). Do interior das rotas da escravidão, surge uma terrível e bela caravana de amor, de uma flexibilidade e de uma sutileza tizoliana[56] respirada de maneira circular, como um vento comum que permite à distinção entre crime e criminalidade friccionar a distinção

---

logisticalidade, essa capacidade inalienável que carregamos — e da qual cuidamos de variadas formas desde o porão do navio jamais abandonado — de assumir a incompletude e, dessa maneira, assumir uma não-lugaridade, a recusa da alocação como forma de enclausuramento. E a logística é aquilo que vem para 'impor uma posição, uma direção, um fluxo ao nosso movimento', e isso para pôr um fim a 'nossa caminhada aleatória, nossa errância vagabunda' (como eles dizem em Contra a gestão). Optamos por traduzir o termo de maneira um tanto literal, como fizemos com muitos outros neologismos".

55 N. da T.: "Driva'man", no original, vem da música de mesmo nome de Max Roach, em que a história da escravidão é recontada por meio da letra e do acompanhamento musical - os sons conjuram a imagem da submissão ao trabalho. O nome, no título da música, refere-se ao branco no papel de supervisor do trabalho no cotidiano das plantações.

56 N. da T.: Juan Tizol foi um compositor de jazz e trombonista porto-riquenho, responsável, juntamente com Duke Ellington, pela criação de um padrão sonoro no jazz nomeado "caravana".

entre logística e logísticalidade. Conspiração e criminalidade são justapostas, em sua oposição à colonialidade, esta sim o crime, geo(n)cídio logístico. Stefano, em seu estudo, deixa-se perturbar pelo problema de como transformar a linha em uma caravana chiante, rodopiante e desmundanizante.

> É uma prática que me ajuda a ver que o acesso já é concedido no momento de sua concessão, e tudo aquilo que está ali para ser considerado belo, erótico, doloroso ou imerso em luto já foi conduzido e transduzido na carne e no intelecto antes mesmo da chegada da performance, da figura, do bordado explosivo da pintura. Essa é a linha antes da linha que nos torna vulneráveis ao abuso, e nos faz sempre mais do que esse abuso.

Ele diz: Vamos dar a volta na assembleia terrena — em nossa caravana torcida e recursiva de amor — como uma antiga e nova previsão.

Hapticalidade nos subcomuns: ou da gestão operacional à Operação Negra
Stefano Harney

No texto a seguir, pretendo sugerir que precisamos de uma maneira de pensar sobre como o nosso trabalho está sendo despedaçado e redistribuído, re-montado, através dos nossos corpos, através de corpos, através do espaço e do tempo de forma mais geral. Contra a propaganda das cidades criativas, mas também contra nossas próprias suposições de que nossas subjetividades estão sendo postas para trabalhar, quero usar a gestão operacional contemporânea[57] para apontar

---

[57] N. da T.: Optamos por traduzir *Operations Management* como "gestão operacional" a fim de manter uma legibilidade fluida na leitura, mesmo que pudéssemos também optar por "gestões de operações": há diferenças sutis entre "gestão operacional" e "gestão de operações", embora os termos sejam frequentemente usados de forma intercambiável. A área de Gestão Operacional contemporânea - a qual se refere o autor-, são as técnicas atuais utilizadas pelas empresas para aprimorar e otimizar suas operações diárias. Esse campo está focado na administração das atividades empresariais com o objetivo de aumentar a

para um outro processo. Quero falar sobre uma linha solta, um ritmo de trabalho ilimitado, insistente, porém, linha que deve ser servida, cuidada, conectada para garantir o "rendimento" [*throughput*].[58] Não há sujeitos nessa linha, a única coisa inteira nela é ela mesma. Por fim, quero apontar para alguns trabalhos na arte contemporânea que se alimentam de uma tradição crítica quanto a esse tipo de trabalho, tradição que tem produzido ritmos subcomuns contra esse trabalho. Uso o termo "operações negras" de Fred Moten[59] para nomear esses ritmos.

Fanon

Na conclusão do clássico de Frantz Fanon, *Les damnés de la terre*[60] [*Os condenados da terra*], algo notável acontece.[61] Ao longo do livro, Fanon nos conduz por sua análise incisiva das diferenças psicológicas,

---

eficácia dentro de uma organização. Isso inclui o planejamento, a organização e a supervisão dos processos para otimizar os custos e as receitas. Isto é: enquanto a gestão operacional se preocupa com a eficiência do dia a dia, a gestão de operações foca no contínuo aprimoramento e no alinhamento dos processos operacionais com os objetivos estratégicos da empresa.
58 N. da T.: Rendimento [*throughput*] no ramo de gestão e operações, refere-se à taxa de vazão de entregas e/ou produção de um sistema ao longo de um período de tempo. É uma medida para avaliar a eficácia de processos, indicando a quantidade de produtos e/ou serviços que podem ser concluídos e entregues em um intervalo específico, influenciando diretamente a capacidade de atendimento à demanda e a eficácia operacional.
59 Fred Moten, "Black op", PMLA, 123(5), 2008, p. 1743-1747.
60 Frantz Fanon, *Les damnés de la terre* (Paris: La decouverte/Poche, 2004); ed. bras.: *Os condenados da terra* (Rio de Janeiro: Zahar, 2022).
61 Como observou Miguel Mellina, a tradução para o inglês da obra de Fanon como "Wretched of the earth" [Os condenados da terra] torna passivo o ato de condenar, um ato a partir do qual é possível se levantar em rebelião.

culturais, de classe e nacionalismo entre colonizado e colonizador. Nisso, ele examina o pensamento e a ação revolucionária como nunca antes havia sido feito, retratando vividamente os coveiros do colonialismo. Então, na conclusão, ele se concentra de maneira precisa e repentina na relação dos recém-libertos povos pós-coloniais com o trabalho.

Fanon começa a conclusão clamando pela rejeição do que ele chama de "modelo europeu" no mundo pós-colonial ainda por vir:

> Quando busco o homem na técnica e no estilo europeus, vejo uma sucessão de negações do homem, uma avalanche de assassinatos.[62]

O que no entanto está no cerne desse modelo europeu e por que as negações, os amanheceres ensanguentados sem fim? Aqui está a resposta de Fanon:

> Mas então é importante não falar mais de rendimento, não falar mais de intensificação, não falar mais de ritmos.[63]

As nações pós-coloniais ainda por vir deverão romper não apenas com as negações da história, da cultura e da personalidade produzidas pelo colonialismo, mas com os "ritmos" impostos pelo modelo europeu. Ele esclarece:

> Não, não se trata de retornar à Natureza. Trata-se muito concretamente de não puxar os homens em direções que os mutilem, de não impor ao cérebro ritmos que

---

62 N. da T.: Ed. bras.: Frantz Fanon, *Os condenados da terra* (Rio de Janeiro: Zahar, 2022), p. 324.
63 N. da T.: Ed. bras.: p. 326, Ibid.

rapidamente o obliteram e o perturbam. Não se deve, a pretexto de alcançar a Europa, atropelar o homem, arrancá-lo de si mesmo, de sua intimidade, quebrá-lo, matá-lo.[64]

Mais uma vez, a palavra "ritmos". Ritmos impostos ao cérebro, dessa vez, por um esforço de "alcançar a Europa". Essa ideia de alcance foi amplamente difundida nas teorias do desenvolvimento capitalista promovidas pelos Estados Unidos durante a Guerra Fria, que previam uma fase de decolagem. Fanon, entretanto, aponta que esse alcance institui um ritmo que quebra e mata o homem. São ritmos que irão "arrancá-lo de si mesmo", que "obliteram" e "perturbam" seu cérebro. Fanon usa a metáfora da "caravana" para falar desse sistema que afasta o homem de si.

> Não, não queremos alcançar ninguém. Mas queremos caminhar todo o tempo, dia e noite, em companhia do homem, de todos os homens. Não se trata de alongar a caravana, porque então cada fileira percebe apenas aquela que a precede, e os homens, que não se reconhecem mais, encontram-se cada vez menos, falam-se cada vez menos.[65]

Caravana, ou o que viria a ser chamado de "globalização", ou o que poderia ser mais precisamente denominado "logística". Observe que a caravana, um termo comercial, é transposta para uma cadeia de trabalho, uma linha, linha de montagem com um ritmo que quebra e mata o homem. Trata-se de uma caravana patológica que opera o "esquartejamento" das funções do homem.

---

64 N. da T.: Ibid.
65 N. da T.: Ed. bras.: p. 327, Ibid.

> Trata-se, para o Terceiro Mundo, de recomeçar uma
> nova história do Homem que considere não só as teses
> por vezes prodigiosas defendidas pela Europa, mas também
> os crimes da Europa, dos quais o mais odioso terá
> sido, no interior do homem, o esquartejamento patológico
> de suas funções e o esfacelamento de sua unidade.[66]

Fanon nos lembra, também, das "teses prodigiosas", o marxismo e a história do pensamento iluminista. Isso não bastou, porém, para prevenir os crimes mais odiosos. Racismo e colonialismo são os crimes, um envolvendo o outro no cerne desse modelo — esse "esquartejamento patológico de suas funções", diz Fanon. Trata-se do ritmo do trabalho, a caravana global patológica de trabalho. Ainda que o racismo e o colonialismo não possam ser reduzidos ao crime do trabalho escravo, servil e colonial, trata-se de uma verdade fundamental. O modelo europeu de dominação, Fanon nos lembra em sua conclusão, consistia no roubo de terras e pessoas, mas não para sustentar seu modo de produção como foi o caso nos impérios do passado, e sim para impor um novo ritmo de trabalho em escala global, uma linha de montagem global que esquarteja as funções do homem.

A fábrica social

Há uma importante diferença, claro, entre o ritmo de trabalho que Fanon descreve e a histórica instituição dos ritmos fordista e taylorista da linha de montagem. As fábricas fordistas e tayloristas tinham um exterior, mesmo que instável e injusto. O controle da

[66] N. da T.: Ibid.

cooperação no trabalho foi abandonado, mas imaginava-se o seu retorno individualmente, ao menos para homens brancos e colonos, na política, nos direitos e nos votos. No modelo europeu imposto às colônias, não havia retorno. O ritmo estava todo na fábrica, no campo e na mina, no navio, na estrada e na ferrovia, na loja e na casa. Ao menos, essa era a intenção do sistema. Nesse sentido, a colônia foi a primeira fábrica social. Em todo lugar que você ia na colônia, havia trabalho; a outra opção era a criminalidade. E qualquer outra conexão, qualquer outra linha, era tida como conspiração. Sem cidadania, sem consumidores, sem terra, nação ou cultura, sem exterior. Esse era o regime, esse era o ritmo.

Fanon temia que as nações pós-coloniais mantivessem o regime e se limitassem a instituir o exterior, com bandeiras, hinos e novas classes dominantes. Quem pode dizer que ele estava errado? O alerta de Fanon, no entanto, foi mais do que uma crítica pós-colonial à ideia do exterior. Foi uma análise do modelo europeu e de sua tendência a produzir esse ritmo sem um exterior. De fato, Fanon via a colônia como a primeira fábrica social, onde o trabalhador substitui o sujeito na sociedade como um todo. Na colônia, nessa primeira fábrica social, qualquer movimento em direção a outro modo social de ser era, como é hoje, criminoso, conspiratório. O único som na fábrica social é do ritmo do trabalho porque é isso que acontece em uma fábrica.

Pode parecer surpreendente dizer que não há sujeitos na fábrica social ou que, de fato, o ritmo do trabalho é o onipresente em nosso tempo. Estamos diante de milhões de pessoas desempregadas ou com empregos insuficientes no Norte global e de pessoas que migram do Sul tentando alcançar o Norte, ou que já estão lá sem serem de lá. Dizem que o futuro do trabalho nas economias "desenvolvidas" e "emergentes" é subjetivo, criativo, profissional e, acima de tudo, gerencial, nada rítmico. De todo modo, a partir de fontes mais confiáveis como Michael Hardt e Antonio Negri,[67] entendemos que vivemos em uma era em que o trabalho imaterial – cognitivo e afetivo – domina e comanda as outras formas de trabalho, mesmo que fábricas e depósitos ainda estejam por toda parte. Isso não deve nos tornar surdos aos ritmos que ouvimos onde quer que nos encontremos, os ritmos que quebram e matam os seres humanos.

Temos ouvido um monte de coisas do mundo dos negócios a respeito de como podemos nos tornar empreendedores, ou como podemos nos transformar em líderes, como podemos nos tornar responsáveis por nossas próprias carreiras. E, novamente, de nossos camaradas, recebemos uma imagem mais precisa: concepções de artista, boêmio/a, pesquisador/a e performer foram distorcidas pelo mundo dos negócios para nos fazer trabalhar mais, para nos convencer de que podemos nos completar por meio do trabalho. O trabalho de Andrew Ross[68] é excelente para pensarmos isso. Christian Marazzi escreveu sobre como, em nossos dias, nossos corpos se tornaram uma es-

---

67 Michael Hardt e Antonio Negri, *Commonwealth* (Cambridge: Harvard University Press, 2011).
68 Andrew Ross, *No collar: the humane workplace and its hidden costs* (Philadelphia: Temple University Press, 2004).

pécie de capital constante, máquinas pelas quais somos responsáveis e das quais devemos cuidar porque são o nosso local de produção. Ele está certo. Franco Berardi fala sobre como nossa psique e nossa alma descem ao trabalho como se este estivesse engolindo todo o nosso ser,[69] e Emma Dowling fala sobre como até mesmo nossos afetos são medidos e geridos, transformados em métricas.[70] É fácil sentir que o trabalho, para quem tem um, envolve o risco da devoração total de nossa subjetividade e de nossos talentos, ou do consumo de nossa excelência, como Paolo Virno diria.[71]

Uma fábrica, no entanto, não é uma coleção de máquinas nem uma coleção de trabalhadores, não importa o quanto essas pessoas sejam capacitadas e habilidosas. Uma fábrica é uma linha.

Gestão operacional

A área de estudos de gestão que se preocupa com a fábrica é a Gestão Operacional. Ela sempre disse muito claramente o que é uma fábrica e, por mais que se tenha expandido esse entendimento, a definição não vacilou. É um "conhecimento" empresarial que, com todos os seus limites ideológicos, ainda pode ser útil para nossas considerações. Para a Gestão Operacional, a fábrica é a cena de um processo. Processo no sentido de procissão, procedimento e movimento.

---

69 Franco "Bifo" Berardi, *The soul at work* (Nova Iorque: Semiotext(e), 2009).
70 Emma Dowling, "Producing the Dining Experience: measure, subjectivity and the effective worker", *Ephemera: theory and politics in organisation*, 7(1), 2007, p. 117-132.
71 Paolo Virno, *Grammar of the multitudes* (Nova Iorque: Semiotext(e), 2004).

Insumos entram na fábrica para que sejam movidos ao longo de um processo, uma linha, e os produtos saiam da fábrica. Mais importante ainda, de acordo com a gestão operacional, o que máquinas e, sobretudo, trabalhadores fazem é trabalhar no processo, não no produto. Na teoria da gestão operacional contemporânea, isso tem significado o aprimoramento do processo. É algo frequentemente designado pelo termo japonês *"kaizen"*, originalmente associado a trabalhadores e gerentes que se dedicavam ao aprimoramento contínuo da eficiência da linha nas fábricas da Toyota. O *kaizen* logo se expandiu para os setores de serviços, extração, informação e outros.

Em vez de dar atenção ao produto, incluindo o imaterial, que continua sendo, como sempre, responsabilidade de uma pequenina parte da força de trabalho, a maioria das pessoas trabalhadoras é submetida a uma atenção cada vez maior à linha de montagem. Para a ciência da gestão, é isso que uma fábrica é: uma linha, um processo, uma procissão, um movimento, um ritmo que vai dos insumos aos produtos. Para a Gestão Operacional, as métricas diferem da gestão precisamente pelo fato de que o que é medido é o progresso na própria linha, o aprimoramento do processo, aprimoramento sem fim; ao contrário da medição, as métricas se movem. É isso, também, que a fábrica social é. Esse nome é preciso, mesmo que, às vezes, tenhamos nos deixado distrair por todo tipo de coisa, da propaganda das classes criativas ao discurso crítico acerca do precariado. A fábrica social deve fazer e refazer a linha de formas cada vez melhores. Isso, porém, não é tudo. O *kaizen* foi acompanhado por outro desenvolvimento na linha: a extensão da gestão de insumos e produtos, a extensão voltada às cadeias de suprimentos entendidas como parte da linha, e não apenas como um aglomerado bruto de trabalho, recursos naturais e máquinas esperando do lado de fora da fábrica. E, com a logística e a logística reversa, essa linha está se expandindo exponencialmente, ou melhor, algoritmicamente. A logística e a gestão da cadeia de suprimentos estendem as métricas da linha em ambas as direções, insumos e produtos que agora têm seus próprios ritmos de trabalho.

Trabalho sináptico

Essa linha que se expande algoritmicamente significa que o exterior da fábrica é medido como o interior, alinhado com esse interior processual. E, quando a fábrica é virtual, pós-fordista, uma fábrica social, os algoritmos da linha estendem o ritmo de produção e de montagem pelo todo de nossas vidas. Os dois sentidos de montagem, ou talvez os dois modos de montagem, começam a se fundir: montar é tanto reunir quanto fabricar, em qualquer lugar, a qualquer momento. O que é feito quando montamos e remontamos, porém, é a própria linha, sempre em primeiro lugar, não um produto ou um serviço. E podemos chegar mesmo ao ponto de afirmar, com Marx, que a primeira coisa que fazemos somos nós como linha, não como sujeitos.

Esse é o nosso trabalho agora. Fazemos inventários de nós listando componentes, não o todo. Produzimos esforços tênues de transcondução. Procuramos superar restrições. Definimos valores por meio de métricas. São todos termos da Gestão Operacional, mas eles descrevem o trabalho muito melhor do que o discurso sobre a formação de sujeitos. A própria criatividade, supostamente no centro da batalha contemporânea pelo sujeito, nada mais é do que aquilo que a Gestão Operacional chama de "variação na linha", variação que pode levar ao que é chamado de "evento *kaizen*", um aprimoramento, que é assimilado de volta a uma linha ainda mais sofisticada que, por sua vez, exige ainda mais. Hoje, nosso trabalho é principalmente o de adaptar e traduzir, de nos tornarmos compatíveis e flexíveis, um canal e um receptáculo, um porto para informação, também um veículo para a informação, um fio, um adaptador de tomada para viagens. Canalizamos o afeto em direção a novas conexões. Não apenas mantemos o fluxo de sentidos, de informações, de atenção, de gostos, desejos e medos em movimento, como também aprimoramos esse fluxo de maneira contínua. Devemos permanecer em abertura e sintonia com o ritmo da linha, com todas as suas variações implacáveis no ritmo. Trata-se, sobretudo, de um trabalho neurológico, o trabalho sináptico de fazer contato para manter a linha fluindo, criando inovações que ajudem a linha a fluir em novas direções e em novas velocidades. No trabalho, as pessoas operam como sinapses, disparando novas linhas de montagem na vida. E elas devem fazer isso em qualquer lugar e em todos os lugares, porque o ritmo da linha está em todo e qualquer lugar. Elas estendem os ritmos sinápticos em todas as direções, em todas as circunstâncias. Com o trabalho sináptico, é o acesso

— e não os sujeitos — que a linha deseja, um acesso que, como Denise Ferreira da Silva nos lembra, foi por muito tempo a essência do abuso dos seres afetáveis,[72] aqueles que concederam acesso por amor, por necessidade, pelo consentimento de não ser um, antes mesmo de essa concessão ser abusada.

Aterramentos[73]

A norma da linha persiste para além da fábrica no espaço-tempo e seu ritmo molda o espaço-tempo de nossas vidas. Não há um exterior em relação à linha, ou melhor, podemos dizer que a linha atravessa todo o exterior prometido no fordismo e que, supostamente, seria um tanto heterogêneo no pós-fordismo. Um ritmo que nos esquarteja, um ritmo que oblitera e perturba nosso cérebro. Em alguns lugares, a linha é tudo o que resta da fábrica, e a logística nesse sentido ampliado é tudo o que resta da produção. A ciência da Gestão Operacional torna-se a ciência da sociedade, senso comum de nossas vidas.

Não é de se admirar que Fanon temesse esse ritmo e alertasse contra a participação em sua caravana patológica, sua logística global. É por isso que recorro a ele no momento. Porque precisamos de mais do

---

72 Denise Ferreira da Silva, *Toward a global idea of race* (Minneapolis: University of Minnesota Press, 2007); ed. bras.: *Homo modernus: para uma ideia global de raça* (Rio de Janeiro: Cobogó, 2022).
73 N. da T.: Rituais de aterramento envolvem práticas que visam integrar corpo, mente e espírito com as energias da Terra, promovendo uma conexão energética que alinha o ser com a natureza. Podendo referir-se a um "estado de ser integrado — corpo, mente e espírito, alinhando o ser com as energias da Terra" em Nell Arnaud, *Grounding: coming home to yourself* (Califórnia: CreateSpace Independent Publishing Platform, 2010), p. 15.

que as teses europeias para combater o modelo europeu em sua forma plenamente realizada. A crítica anticolonial e seu aterramento na tradição radical negra nos oferecem algo a mais, lançadas como o foram de um mundo sem exterior que não fosse o criminoso, o fugitivo, o conspiratório, mundo onde somos nada além de insumos que, de alguma forma, permanecem responsáveis pela manutenção, aprimoramento e inovação da linha. O mundo colonial, o mundo da escravidão, foram exatamente isso: habitados por quem, simultaneamente, tinha que cuidar deles e aprimorá-los sendo nada em seu interior. É claro, porém, que o nada não era nada. A crítica incluía práticas de resistência, autonomia e, acima de tudo, uma tradição responsável pela produção de outras linhas, outros ritmos, em militante arritmia.

A proibição dos tambores não conseguiu destruir esses ritmos e o mesmo vale para a rejeição da hospitalidade, ou das terras comuns, ou de uma série de práticas cotidianas que bagunçaram o interior com outro ritmo. Há uma história bastante rica a ser tomada como recurso pelas populações logísticas de nossos dias, e os trabalhadores sinápticos do mundo finalmente a alcançaram, ainda que ela tenha estado conosco o tempo todo, nos subcomuns. Invoco aqui Walter Rodney,[74] o grande historiador guianense, ele mesmo parte dessa tradição, falando sobre a tradição de uma comunidade rastafári na parte mais pobre de Kingston, Jamaica:

---

74 Walter Rodney, *The groundings with my brothers* (Chicago: Frontline Books, 2001).

Com esses irmãos negros você aprende humildade porque eles estão te ensinando...[75] esses irmãos que até agora têm realizado um milagre cotidianamente. É um milagre o modo como esses caras vivem. Eles vivem e estão em boa forma física, possuem uma vitalidade mental, um tremendo senso de humor, têm profundidade. Como eles conseguem isso no meio das condições existentes? E eles criam, estão sempre dizendo coisas.

Rodney aconselha:

> Você tem que ouvi-los e, quando você os ouve falar sobre o Poder Cósmico, tudo soa familiar. Eu digo, mas eu já li isso em algum lugar, que essa é a África. Você tem que ouvir os tambores deles para captar a mensagem do Poder Cósmico.[76]

Irmãs e irmãos rastafári estão estudando, criando uma linha que chamam de "aterramento". Trata-se da linha de fuga quando não há para onde correr, o que Fred Moten chama de "operações negras". São os subcomuns. A batida que salvará sua vida. Ela está presente na forma, como observa Horace Campbell, com que a comunidade rasta lidou com os "falsos rastas", no aprofundamento do ritmo, e vemos isso presente na arte contemporânea que herda esses aterramentos.

Quero citar apenas dois exemplos, bem diferentes entre si. O primeiro é o artista performático Athi-Patra Ruga.[77] O segundo é a fotógrafa e cineasta Zarina Bhimji.[78] Não pretendo analisar o trabalho

---

75 N. da T.: p. 76-79. Ibid.
76 N. da T.: p. 78. Ibid.
77 Athi-Patra Ruga, ver: athipatraruga.blogspot.
78 Zarina Bhimji, ver: www.zarinabhimji.com.

dessas pessoas, nem enquadrá-las em uma escola ou tradição. Quero dizer que elas me inspiram a refletir sobre a linha e seu ritmo mortal em nosso tempo, sobre como essa linha nos atravessa, sobre como ela ignora a formação do sujeito no trabalho. Acima de tudo, quero olhar para o trabalho delas para pensar no que Fred chama de "operações negras", e nos subcomuns que suas obras nos convocam a sentir ao nosso redor, sua arritmia militante.

Quando Ruga[79] encena seu nado sincronizado em uma banheira iluminada por luzes coloridas e brilhantes, ou quando ele ou os seus modelos aparecem em trajes feitos de balões, ou com capacetes de cabelo preto e sapatos de salto alto, ou nus com uma máscara kabuki de menino branco, escalando delegacias de polícia ou caminhando por estradas empoeiradas ou pintando estúdios com seus corpos, não há questionamento do tipo "quem sou eu". Não há nada de camaleônico aqui, nenhum sujeito em transformação. Não, há um tipo de acesso militante aos materiais, à luz, às cores brilhantes, ao cabelo, mas também à carne, à inteligência, ao movimento, à vivacidade. Ruga oferece uma prática daquilo que nos atravessa, mas que não é baseada nos protocolos do trabalho ou em um ritmo mortífero. É uma prática que me ajuda a ver que o acesso já foi concedido no momento de sua concessão, e tudo aquilo que está ali para ser considerado belo, erótico, doloroso ou imerso em luto já foi conduzido e transduzido na carne e no in-

---

[79] N. da T.: Referência às performances *The naivete of beiruth* (2007), *Performance obscura* (2010-2016), *Ilulwane* (2012) e *...ellipsis in three parts* (2012).

telecto antes mesmo da chegada da performance, da figura, do bordado explosivo da pintura. É a linha antes da linha que nos torna vulneráveis ao abuso, e nos faz sempre mais do que esse abuso.

O ritmo da linha é desestabilizado por essas práticas, não porque elas desestabilizam o sujeito, algo com o qual o capital, de uma forma ou de outra, já não se importa mais. Ruga desestabiliza por meio do que atravessa, do que recombina, do que zomba e dança ao redor da fábrica social em plena luz do dia, na tarde da noite, no intervalo do almoço, nos subcomuns, em um ritmo diferencial. A linha pode falar de sua inovação, de empreendedorismo e alcance logístico, mas soa apenas como um ritmo monótono ao lado do trabalho de Ruga, ao lado da hapticalidade que nos permite sentir nosso próprio acesso.

Vazios, mas nunca desocupados, os quartos, edifícios e campos, o acesso no esteticamente deslumbrante filme *Yellow Patch*[80] de Zarina Bhimji pode, à primeira vista, parecer ter a ver com a memória. Para a linha, no entanto, a memória só pode ter a ver com métricas, questão de não cometer o mesmo erro duas vezes. Ela é útil para o aprimoramento. E a câmera de Bhimji resiste à aplicação da memória ao presente para fins de aprimoramento. Ela ressoa com o trabalho e a logística, acima dos edifícios vazios, ecoando nos quartos. Com ela, porém, entramos em uma preservação militante: não mantendo o ritmo, não

---

80 N. da T.: Filme de 2011, uma exploração do espaço com e através do uso caracteristicamente evocativo do som, inspirado nas rotas de comércio e imigração através do Oceano Índico entre a Índia e a África.

aprimorando, não buscando uma variação produtiva. Eu diria que papéis administrativos velhos empilhados nas estantes de madeira envelhecidas do escritório, ou que as persianas amarelas cortadas por blocos de luz do lado de fora, são estetizados não para tornar a memória útil por meio da nostalgia, tornando-a apta a ser preservada e vendida, ou por meio do julgamento, tornando-a apta a ser usada para fins de aprimoramento. Em vez disso, o filme exibe uma tranquilidade, paz e descanso na história, na história contemporânea. Não o descanso des-historicizado da indústria da meditação, nem a preservação da indústria historiográfica, mas um descanso militante para a história, na história, na luta, agora mesmo. Seus quartos, navios, campos e baías não deixam, para a história, a tarefa de nos oferecer preservação ou descanso na luta. O que o filme me sugere é que outras linhas podem ser encontradas bem aqui, que os subcomuns nunca estão em outro lugar, que seu toque também é uma forma de alcance. Seu toque é um descanso, uma carícia. A hapticalidade ocupa esses espaços com batidas de amor.

Autoria, tradução e série

Autoria

FRED MOTEN & STEFANO HARNEY são autores de *All Incomplete* (2021, Minor Compositions, 2021), traduzido e publicado no Brasil em 2023 pela GLAC edições como *Tudo Incompleto*. São também autores de *The undercommons: fugitive planning and black study* (Minor Compositions, 2013), traduzido e publicado no Brasil em 2024 pela Ubu editora como *Sobcomuns: planejamento fugitivo e estudo negro*. E atualmente preparam o próximo livro, pré-intitulado *Four turns of felicity street*. Eles são estudantes da tradição negra radical e, juntos, membros do Coletivo de Escuta Le Mardi Gras, fundado em Pittsburgh (Pensilvânia, EUA), no bar homônimo, e também do Center Convivial Research and Autonomy, voltado à solidariedade zapatista. Fred leciona nos departamentos de Estudos da Performance e Literatura Comparada da Universidade de Nova Iorque e também na European Graduate School, e reside em Nova Iorque. Já Stefano leciona na Academia de Mídia e Artes de Colônia e também na European Graduate School, e mora parte do ano no Brasil.

Tradução

BRUNO DA SILVA AMORIM é graduando em Serviço Social. Integra a escola livre Bibliopreta, na qual colabora em iniciativas voltadas para a educação popular. É membro do Núcleo de Estudos e Pesquisa Mabel Assis, da Faculdade Paulista de Serviço Social, dedicado à produção de conhecimento sobre relações étnico-raciais no Brasil e investiga as condições da violência racial, explorando formas de recusa e fuga das mesmas.

VICTOR GALDINO é filósofo, professor no quadro complementar do Departamento de Filosofia da Pontifícia Universidade Católica do Rio de Janeiro e tradutor. Dentre outros grupos de pesquisa, faz parte do Laboratório de Filosofias do Tempo do Agora, vinculado ao Programa de Pós-Graduação em Filosofia da Universidade Federal do Rio de Janeiro, onde é pesquisador de pós-doutorado com o projeto "Desfazendo a partilha colonial do sensível: do arquivo da escravidão ao arquivo fenomenológico".

Série Plaquetes

Esta série de livros torna públicos textos curtos e potentes sobre assuntos que, às vezes, são específicos demais, quase sempre comuns, mas diretamente vinculados aos interesses da GLAC em incentivar a autodeterminação no público leitor para a transformação social do presente e do futuro.

Com uma pesquisa densa na qual, muitas vezes, sobram pequenos escritos que não cabem facilmente no *codex* de uma publicação de tamanho mediano ou grande, selecionamos ensaios e experimentos textuais que possam facilmente servir para uma leitura em trânsito, carregados pelos leitores no bolso.

Na capa, apresentamos a palavra com a qual autores e autoras ou nossa edição trabalha no intuito de operar ressignificações e mudar perspectivas, assim como uma imagem e a identificação da autoria. No verso, o título completo da obra, com seu subtítulo, se houver. E, no mesmo espaço, um comentário que contextualiza a publicação, apresentando a origem dos textos e o que nos motivou a publicá-los nas pequenas páginas do livreto.

É por meio da *Série Plaquetes* que iremos, cada vez mais, aprofundar debates candentes da contemporaneidade e, sobretudo, apresentar ideias, propostas, autores e grupos não hegemônicos, importantes demais para serem relegados ao constante anonimato intelectual, artístico, militante e ativista.

MAIS UMA VEZ, SUBCOMUNS:
POÉTICA E HAPTICALIDADE
Fred Moten & Stefano Harney

AUTORIA   Fred Moten & Stefano Harney
TRADUÇÃO   Bruno da Silva Amorim e Victor Galdino
EDIÇÃO   Leonardo Araujo Beserra
REVISÃO TÉCNICA   Victor Galdino
CAPA E DIAGRAMAÇÃO   Leonardo Araujo Beserra
PROJETO GRÁFICO DE MIOLO   Namibia Chroma Estúdio
REVISÃO   Carla Gattoni Saukas

© Fred Moten, 2016
© Sputnik & Fizzle, Nova Iorque, 2016
TÍTULO ORIGINAL   *A poetics of the undercommons*

© Stefano Harney, 2015
© Routledge, Londres e Nova Iorque, 2015
TÍTULO ORIGINAL   "Hapticality in the undercommons"
em *The Routledge companion to art and politics*

© GLAC edições, Setembro de 2024 | ISBN 978-65-86598-31-5
Praça Dom José Gaspar, 76, Conj. 83, Edifício Biblioteca, Centro,
São Paulo — SP, 01047-010 | glacedicoes@gmail.com

Dados Internacionais de Catalogação na Publicação (CIP)
de acordo com ISBD

Moten, Fred e Harney, Stefano
M917m
          Mais uma vez, subcomuns: poética e hapticalidade
/ Fred Moten, Stefano Harney ; organizado por GLAC edições
; traduzido por Bruno da Silva Amorim, Victor Galdino. - São
Paulo : GLAC edições, 2024. — 96 p. : il. ; 10,5cm x 15,5cm.

Tradução de: A poetics of the undercommons e "Hapticality in the
undercommons" em The Routledge companion to art and politics

Inclui índice, apêndice e anexo. — ISBN: 978-65-86598-31-5

1. Ciências sociais. 2. Subcomun. 3. Tradição Radical Negra. 4.
Afropessimismo. 5. Logística. 6. Frantz Fanon. 7. Harold Mendez.
8. Arte. 9. Filosofia. 10. Filosofia Negra. 11. Afro-diáspora. I.
          Harney, Stefano. II. Amorim, Bruno da   CDD 300
2024-2947   Silva. III. Galdino, Victor. IV. Título.   CDU 3

Elaborado por Odilio Hilario Moreira Junior - CRB-8/9949

Índice para catálogo sistemático:
1. Ciências sociais 300 — 2. Ciências sociais 3

Este livro foi impresso nos papéis Avena 80gr (miolo) e Supremo
LD 250gr (capa), nas fontes das famílias Arial e Times New
Roman, em setembro de 2024 pela Gráfica Graphium.